Friedrich Walter
Das westfälische Bauernhaus

Friedrich Walter

Das westfälische Bauernhaus

Mit 196 Abbildungen

Gerstenberg Verlag

CIP-Kurztitelaufnahme der Deutschen Bibliothek

Das westfälische Bauernhaus / Friedrich Walter
Neudruck der Ausgabe Dortmund 1936
Hildesheim: Gerstenberg, 1981
ISBN 3-8067-0863-0
NE: Walter, Friedrich [Bearb.]

Gerstenberg Verlag, Hildesheim 1981
Neudruck der Ausgabe Dortmund, 1936
mit freundlicher Genehmigung des Ruhfus Verlages, Dortmund
Herstellung: Druckhaus Gebr. Gerstenberg, Hildesheim
ISBN 3-8067-0863-0

Zu:
Dr. Friedr. Walter
Das westf. Bauernhaus

Die Zahlen
entsprechen den Abbildungen

Schlicht und treu, der Art des westfälischen Bauern gemäß, will die vorliegende Darstellung des westfälischen Bauernhauses sein. Auf „Effekte" bei Bildern und Aufnahmen wurde bewußt verzichtet.

Das Bauernhaus selber, seine vielgestaltigen Formen und landschaftlichen Eigenarten und die erfreuliche Fülle an gediegener, bodenständiger Baukultur sollen heraustreten. Gerade die einfachen Bauten, auf klare Zweckmäßigkeit gerichtet und doch wohlabgewogen und formenschön, künden uns auch das Wollen und Wesen des schollengebundenen bäuerlichen Menschen. So sind die Bauernhäuser Urkunden und sind von uns wahr und mit treuer Liebe zu schildern.

Zwar konnte ich auf jahrelangen Vorarbeiten aufbauen. Dennoch bleibt das vorliegende Bändchen ein erster Anfang mit mancherlei Lücken und Unvollkommenheiten. Aber es mußte gewagt werden, da Monat um Monat mehr der alten Bauten verschwinden.

Von den Bildern entstammen die Mehrzahl eigenen Aufnahmen. Außer dem Denkmalamt der Provinz Westfalen stellte mir in entgegenkommender Weise der Leiter der Volkskundlichen Kommission beim Westfälischen Institut für Volks- und Landeskunde, Herr Prof. Dr. Trier, eine Anzahl Bilder zur Verfügung, Herr Stadtoberbaurat Schultz, Bielefeld, überließ mir Zeichnungen des Hofes Meier zu Ummeln (jetzt Bauernhausmuseum Bielefeld) und Herr Karl Führing, Wittigenhöfen, gestattete die Veröffentlichung von Ergebnissen seiner eingehenden Untersuchungen an dem alten Wohnhause seines elterlichen Hofes. Darüber hinaus fand ich freudige Hilfe bei vielen örtlichen Stellen und Heimatfreunden durch Hinweise verschiedener Art. Ihnen allen möchte ich hiermit meinen wärmsten Dank aussprechen. Mein besonderer Dank aber gebührt Herrn Landeshauptmann Kolbow, der die Herausgabe des Heftes anregte, dann dem Herrn Provinzialkonservator und seinen Mitarbeitern, die mich immer wieder mit Rat und Tat unterstützten, und nicht zuletzt Herrn Landesbauernführer Habbes, der mir die Durchführung der Arbeit ermöglichte und sie in vielfacher Weise förderte.

Das Bändchen möchte ein Weckruf sein, daß dem Bauernhause die Beachtung geschenkt wird, die es verdient, daß recht viele Mitarbeiter draußen im Lande erstehen und daß noch recht viel, was sonst gedankenlos und unerkannt verlorengeht, in letzter Stunde beachtet und gerettet wird. Es möchte mitwirken, daß wir uns — Bauern und Städter — auf kostbares Erbgut, das das Land noch birgt, wieder besinnnen und es treulich pflegen und daß wir den Geist, der darin lebt, fortentwickeln zum Wohle von Heimat und Volk.

Friedrich Walter.

Herkunftsnachweis der Abbildungen.

1. Denkmalamt der Provinz Westfalen:
   a) Ältere Aufnahmen: Abb. 4, 15, 91, 130, 147, 175, 182, 184.
   b) Neuere Aufnahmen (Photograph H. Schnautz):
   Abb. 1, 10, 23, 35, 63, 64, 77, 124, 131, 178, 180.
2. Volkskundliche Kommission des Provinzialinstituts für westfälische Landes- und Volkskunde (Aufnahmen Joseph Schepers): Abb. 36, 45, 54, 65, 66, 69, 70, 71, 72, 75, 125, 126.
3. Meinh. Fenske, Herford: Abb. 148, 152, 194.
4. Landwirtschaftsrat W. Lange, Münster: Abb. 49.
5. stud. arch. R. Führing, Wittigenhöfen: Abb. 186.
6. Stadtbauamt Bielefeld: Unterlagen für Abb. 2, 13, 14.
7. Sämtliche übrigen Abbildungen nach Aufnahmen oder Zeichnungen des Verfassers.

Abb. 1. Erbhof Sieverdingbeck, Westenborken (Kr. Borken).

Aus bäuerlichem Wesen heraus haben sich in unserem Volke in jahrtausendelanger Geschichte Stände und Berufe allmählich zu den heutigen Daseinsformen entwickelt. Doch immer noch bildet ein wurzelechtes Bauerntum eine auch zahlenmäßig recht wesentliche Grundlage unseres Volkes. Und die Familiengeschichte zeigt, daß auch in städtischen Familien fast überall Bauernblut fließt. Und doch — der Bauer war dem Volksganzen bisher wenig bekannt und wurde wenig beachtet und mit ihm alles, was bäuerlich war. So auch das Bauernhaus.

Es ist durchaus begreiflich, daß schöne alte Schloßbauten den Menschen, der mit suchendem Blick die Heimat durchstreift, durch ihre feinen, erlesenen Kunstformen fesseln, daß alte Burgen durch ihre wechselvolle Geschichte, in der örtliches Geschehen mit bedeutsamen Begebnissen der großen Geschichte zusammenklingt, den Forscher reizen. Daher haben sich die Heimatfreunde hauptsächlich mit Schlössern und Burgen, Kirchen und Klöstern und deren Ruinen befaßt und haben mit viel Liebe und Sorgfalt alles zusammengetragen, was darüber in Erfahrung zu bringen war. Viel seltener haben einfache Wohnbauten die Aufmerksamkeit auf sich gezogen, am ehesten noch die Häuser alter Patriziergeschlechter der Städte. Nur ganz vereinzelt befaßte man sich auch einmal mit Bauernhäusern. Und dann waren es vor allem Bauten, die durch ihre Besonderheiten auffielen, wie etwa die Wehlburg im Artland, ein Kunstwerk eines hochstehenden, ungewöhnlich begabten Meisters, oder der Valepagenhof im Delbrücker Land, der sich durch sein Alter und — seine Anklänge an städtische Bauweise aus dem Rahmen heraushob.

Wenn wir die bunte Vielgestalt überblicken, die das Bauernhaus zeigt, dann kann es sich nicht darum handeln, eine Reihe von Beispielen als „Typen" herauszustellen. Jedes Bauernhaus hat seine eigene Gestalt, die der der anderen mehr oder weniger ähnelt, die aber doch ihren bestimmten Eigenwert besitzt. Jedes Bauernhaus hat auch seine besondere Geschichte, ist durch das Zusammenwirken all der verschiedenen Einflüsse gerade zu dem geworden, als das es sich uns darstellt. Aus dieser Vielheit der Einzelformen heraus gilt es nun das Häufige, das Wiederkehrende, das Regelmäßige und Wesentliche herauszuschälen, im Gegensatz zu dem häufigen Streben, eine Auslese „interessanter" Formen zu bieten.

In dem vorliegenden Heft soll nur das ältere Bauernhaus auf westfälischem Boden behandelt werden, aber nicht etwa aus Hang am Altertümlichen. Ungefähr um die Zeit der französischen Revolution beginnt eine merkbare Umgestaltung des Bauwesens. Eine Allerweltsbauweise setzt ein, die nach „Vorlagen" und allgemeinen „Regeln der Kunst" — hier früher, dort später — die alte bodenständige Bauweise verflacht und verdrängt. Aber gerade die ursprüngliche, bodenständige, heimatverwurzelte Art des Bauernhauses gilt es möglichst einwandfrei zu erfassen. Die Bilder werden daher in der Hauptsache Bauten aus der Zeit vor 1800 bringen.

Jene älteren Bauernhäuser sind unverfälschte Zeugnisse aus früherer Zeit, weil das Bauernhaus ja völlig abseits von der allgemeinen Blickrichtung lag, sie sind einwandfreie Urkunden, die uns in ihren Formen und ihren Ausmaßen örtliche und zeitliche Besonderheiten erkennen lassen. In der Art der Bauernhäuser spiegeln sich die siedlungsgeschichtliche Entwicklung der Heimat, die wirtschaftsgeschichtlichen Wandlungen der einzelnen Zeitabschnitte und die stammesmäßige Wesensart des bodenverwurzelten Menschen wieder.

Das Bauernhaus ist nicht ein Haus wie jedes andere auch. Es ist die Wohnstätte des bäuerlichen Menschen. Darüber hinaus muß es aber auch den Raum für alle die vielen und verschiedenartigen Wirtschaftsvorgänge bieten, die der bäuerliche Betrieb mit sich bringt. Dadurch hat das Bauernhaus jederzeit sein Eigengepräge behalten, solange eben nicht die Schablonenbauweise die ländliche und landschaftliche Eigenart durchbrach und verschüttete.

Mit der Familie des Bauern lebte ein zahlreiches Gesinde in enger Haus- und Tischgemeinschaft. Dadurch mußte die Wirtschaftsküche, die in jener Zeit wohl allgemein noch zugleich Wohnküche war, in ihren Raumverhältnissen auf eine größere Kopfzahl berechnet sein. Für das Gesinde waren außerdem hinreichend Schlafräume erforderlich. Die Diele hatte nicht nur die Aufgabe, zur Erntezeit die vollbeladenen Erntewagen aufzunehmen, sondern mußte zugleich als Dreschtenne monatelang Raum bieten, daß eine angemessene Zahl von Dreschern den Flegel schwingen konnte. Höhe, Breite und Länge der Diele waren auf diesen Zweck zugeschnitten. Wenn auch in einem kleineren Betrieb mit einer geringeren Zahl von Leuten gedroschen wurde, so ergab sich aber selbst beim kleinen Kötter, der vielleicht mit seiner Frau allein den Flegel schwang, ein bestimmter Mindestraumbedarf für die Diele.

Der Bauernhof hat weiter das Vieh unter Dach aufzunehmen. Zwar war das Vieh den Sommer über im wesentlichen draußen auf der Weide und konnte unter damaligen Verhältnissen auch im Winter sich mit geringem Raum begnügen. Immerhin mußte für hinreichend Raum für Lager und für Möglichkeit zum Füttern und zum Ausmisten Sorge getragen werden. Der Schutz der Ernte forderte außerdem auch die Unterbringung des ungedroschenen und gedroschenen Getreides und des wichtigsten Futters

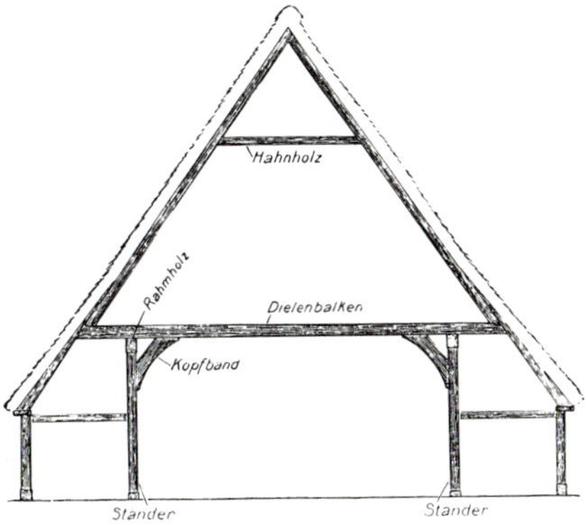

Abb. 2. Zweiständer (Querschnitt) (Hof Meier zu Ummeln, jetzt Bauernhausmuseum Bielefeld; erb. 1690.) Nach Aufmessungen des Stadtbauamts Bielefeld.

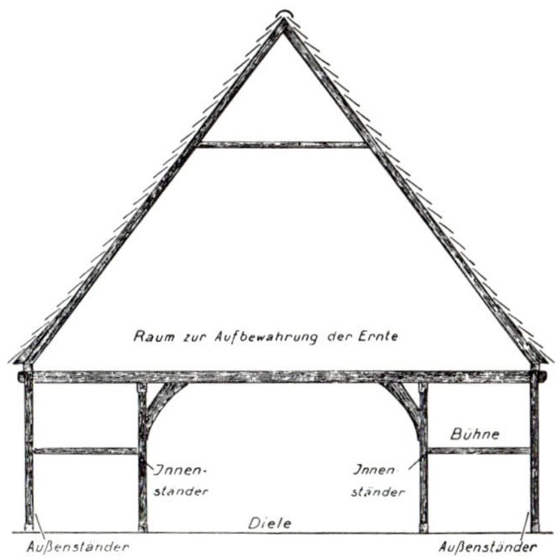

Abb. 3. Vierständer (Querschnitt) (Bauernhof Hagedorn, Sendenhorst, Bauersch. Hardt, erb. 1704), schematisch.

Beim Zweiständerhaus tragen die beiden Reihen der hintereinander gestellten Ständer die gesamte Last des Daches und der Dielenbalken mit der darauf lagernden Ernte. Beim Vierständerhaus ist die Last von Dach und Ernte auf vier Ständerreihen verteilt. Das Fassungsvermögen des Raumes „über den Balken" ist beim Vierständer etwa doppelt so groß wie beim Zweiständer mit gleicher Grundfläche.

unter Dach und Fach. Schließlich waren noch Räume für Wagen und Geräte und Räume für die einen oder anderen besonderen Verhältnisse notwendig.

Auf die Raumverhältnisse des Hauses und Hofes wirkten die Unterschiede der Betriebsgröße recht erheblich ein. Denn schon in früher Zeit treten uns Schultenhöfe (in Ostwestfalen Meierhöfe), Vollerben, Halberben und Kötter entgegen. Noch wesentlich kleiner waren die Heuerlingskotten, die in späterer Zeit sich herausbildeten. Entsprechend dem verschiedenen Umfang der Viehhaltung und der einzulagernden Erntemengen auf den verschieden großen Höfen sind also schon von vornherein auch größere oder kleinere Gebäude zu erwarten.

Auf der einen Seite ist demnach ein bestimmter Raumbedarf gegeben. Auf der anderen Seite werden die Abmessungen eines Baues von den Möglichkeiten und der ortsüblichen Art der technischen Bauausführung bestimmt, die Rücksicht auf die Art des Baugrundes, des Bauplatzes und der Baustoffe nehmen muß. Das Holzfachwerk war seit alters die bodenständige und die nach den örtlichen Voraussetzungen naturgegebene Bauweise. Selbst die Kirchen wurden ja in der Anfangszeit nicht selten aus Holz oder aus Holzfachwerk errichtet. Im ganzen westfälischen Raum herrscht das Längsdielenhaus vor (nur in den Kreisen Siegen und Wittgenstein ist die mitteldeutsche Bauweise mit Querdiele üblich). In diesem Längsdielenhaus sind Wohnräume, Dreschdiele, Stallung und Lagerräume für die Ernte unter einem Dach vereinigt. Bestimmend für die Raumgestaltung des ganzen Hauses wird dadurch die Dreschdiele. Ihre Abmessungen geben dem ganzen Hause das Gepräge. Der Grundriß ist in seinen Hauptzügen äußerst einfach. An dem einen Ende, dem großen Einfahrtstor gegenüber, liegen die Feuerstelle und die Wohnräume. Zu beiden Seiten der Diele befinden sich die Stände für das Vieh, und der Dachraum dient zur Unterbringung der Ernte. Dadurch ist eine außerordentlich günstige Raumausnutzung gegeben. Diese Raumanordnung hat sich technisch und wirtschaftlich bewährt und ist deshalb Jahrhunderte hindurch beibehalten worden, wenn auch landschaftlich sich im einzelnen bestimmte Eigenarten zeigen.

Die Weite und Höhe der Dreschdiele und die Notwendigkeit, bei verhältnismäßig großer Spannweite die große Last der auf den Balken lagernden Ernte zu tragen, erforderte ein sehr tragfähiges und in sich festverbundenes Balkengefüge. Beim westfälischen Bauernhaus ist die technische Lösung dieser Aufgabe dadurch erreicht, daß je zwei senkrecht stehende „Ständer" durch einen quer darüberliegenden „Balken" zu einer Einheit miteinander verbunden sind und daß diese Einheiten nun in der erforderlichen Zahl hintereinandergestellt und durch zwei längslaufende „Rahmhölzer" oder „Platten" zu einem Ganzen zusammengefügt werden. Der Seitenschub des Gebälks wird durch örtlich verschiedene Art von Verstrebungen aufgehoben. Dieses in sich geschlossene Gerüst mit seinen beiden Ständerreihen bildet den Kernteil des Hauses und umschließt die Diele. Der Raum zwischen je zwei Ständerpaaren wird als „Fach" bezeichnet. Über jedem Ständerpaar sitzt auf dem Rähm je ein Dachsparrenpaar, das oben durch das Hahnholz verbunden ist. Nach Bedarf sind weitere Sparrenpaare eingeschaltet. Das Sparrenwerk wird gegen Seitenverschiebung durch die Windrispen gesichert.

Durch Verlängerung des Daches über die Ständerreihen hinaus wird beiderseits der Diele weiterer überdachter Raum gewonnen, der der Unterbringung des Viehes dient und örtlich verschieden als „Abseite", „Abkübbung" bezeichnet wird. Kennzeichnenderweise werden aber dabei nicht einfach die Dachsparren verlängert, sondern auf die Dachsparren, die nur bis zu den Dielenbalken reichen, werden Verlängerungen aufgelegt, die außen sich auf das Balkengefüge der Außenwände stützen. Durch Einfügen einer Decke etwa in Mannshöhe über den Ständen des Viehes wird weiterer nutzbarer Raum abgegliedert. Diese „Bühne" oder „Hille" dient als Schlafraum für das Gesinde, zur Aufbewahrung von Geschirr und auch mit zur Unterbringung der Ernte. Auf der einen Giebelseite des Hauses führt die „Niendör", das große Einfahrtstor, in den Wirtschaftsteil. Auf der anderen Giebelseite liegt der Wohnteil mit der Feuerstelle, dem Herdfeuer.

Diese Form des Bauernhauses ist das „Zweiständerhaus", die herrschende Bauform im westlichen Münsterlande. Im übrigen Münsterlande, im Hellweggebiet und östlich davon ist das „Vierständerhaus" ortsüblich. Bei diesem sind die Außenwände „hochgemacht". Die Gebundbalken greifen nach außen über die Dielenständer hinaus bis auf die „Außenständer" vor, die gleich hoch sind wie die Dielenständer. Dadurch ist wesentlich mehr Raum auf der Bühne (Hille) über dem Vieh, vor allem aber im Dachraum gewonnen. Außerdem ist technisch eine wesentlich bessere Lastenverteilung auf den Balken erreicht, die die Diele überspannen.

Das Balkenwerk besteht durchweg aus Eiche, nur ganz vereinzelt wurde Kiefernholz verwendet und dann meist aus Not. Die Balken sind auch bei alten Bauten oft noch

Abb. 4. Wohnteil des Hofes Borning, Roxel (Kr. Münster). Um für die Wohnräume günstigere Lichtverhältnisse zu schaffen, ist die Außenwand beim Wohnteil vielfach weniger weit nach außen gebaut als beim Wirtschaftsteil. Hohe Fenster in der gesamten Breite der Wand lassen viel Licht in den weiten Raum am Herdfeuer, wo die Mahlzeiten bereitet und eingenommen werden. Für die Stuben und Kammern genügen kleinere Fenster. Das letzte Fach ist hier angebaut und ist unterkellert. Rechts im Wirtschaftsteil ist das Dach tief herabgeführt.

„fest wie Eisen", so daß in vielen Fällen bei Umbauten oder beim Neubau bereits gebrauchte Balken wieder benutzt wurden. So weist das alte Wohnhaus von 1580! des Erbhofes Sagel in Münsterbrock (Kr. Höxter) bei einigen Dielenbalken alte Zapfenlöcher auf als Zeichen, daß diese Balken schon vorher in einem anderen Gebäude verwendet waren, und noch immer sind sie so zäh und fest wie junges Gebälk.

Um 1800 überwog allgemein noch in Westfalen das Strohdach (oder Rieddach), das den Dachraum im Winter warm, im Sommer kühl hielt, und das vom Bauern selbst mit Hilfe örtlicher Fachleute instand gehalten werden konnte. Als dann Zeitverhältnisse, Feuerpolizei und Feuerversicherung auf den Ersatz durch Ziegeldach drängten, war eine Verstärkung oder Vermehrung des Sparrenwerkes notwendig, um das größere Gewicht zu tragen. Auch die Dachformen sind wohl in den letzten Jahrhunderten etwas andere geworden, vor allem hat sich, wie es scheint, die Art der Giebel gewandelt, die beim Strohdach anscheinend vielfach einen Walm trugen. Heute sind die Giebel in weiten Gebieten durch Eichenbretter verkleidet, in anderen als Lehmfachwerk oder Ziegelfachwerk gestaltet, im Sauerland oft mit Schiefer beschlagen,

Abb. 5.

Speicher in Stevern (Kr. Münster), Schulze-Tilling (Wiggermann). Das untere Geschoß ist massiv aus Sandstein erbaut und nur mit kleinen, schmalen Fenstern und mit einer festen Tür aus Eichenbohlen versehen. Das Obergeschoß diente vor allem zur Aufbewahrung der Frucht.

selten mit Schindeln. Im Mindener Gebiet finden sich dafür die gewölbten Giebelwalme mit den leuchtend roten Ziegeln, die das Landschaftsbild so freundlich gestalten.

In ziemlich großer Einheitlichkeit ist der Fußboden der Wohnküche aus Lehm gestampft oder ist gepflastert. Dabei sind häufig kleine, flache Steine hochkant in Fischgrätenmuster in sauberer und ansprechender Weise zu einem haltbaren Pflaster gefügt. Oft ist die ganze Diele, selbst Teile der Einfahrt in dieser Weise mit feineren oder gröberen Pflastersteinen ausgesetzt. Die Decken über den Wohnräumen und über den Stallungen waren aus Lehm mit Holzgerippe entweder als Wellerdecke oder als Sprenkelwerk gefertigt. In ähnlicher Weise bestanden die Füllungen der Fachwerkwände früher wohl allgemein aus Flechtwerk mit Lehmbelag (vergl. Abb. 7—12). Erst später trat die Ziegelfüllung oder die Schieferverkleidung auf und gestaltete so das äußere Bild des Hauses wesentlich um. Eine tiefgreifende Wandlung erfuhr das Haus schließlich durch den Ersatz des offenen Herdfeuers durch den Ofen und durch den Einbau eines Schornsteins. Noch bis weit in das vorige Jahrhundert hinein wurde in vielen

Abb. 6.

Speicher in Stevede (Kr. Coesfeld), Schulte Hillert. Die dicke Ziegelsteinmauer trägt Schießscharten. Örtliche Überlieferung weiß, daß in Kriegsnöten die benachbarten Bauern sich in den Speicher von Schulte Hillert zurückzogen.

Bauernhäusern der Rauch, der vom offenen Herdfeuer aufstieg, durch den Rauchfang darüber gefaßt und abgekühlt und mußte von dort an den Schinken, Speckseiten und Würsten, die auf dem „Wiemen" hingen, vorbei sich durch die Diele oder durch das „Uhlenloch" unter dem Giebel einen Weg nach außen suchen. Die rauchgeschwärzten und manchmal noch dick mit Ruß bedeckten Dielenbalken alter Häuser legen eindringlich Zeugnis davon ab.

Während ein erheblicher Teil der Ernte stets „auf dem Balken" über der Diele untergebracht werden konnte, wurden wohl in besonders guten Erntejahren die restlichen Mengen draußen im Freien in Getreidediemen gesetzt. Immerhin scheinen schon frühzeitig besondere Scheunen neben den Bauernhäusern aufzutreten (vgl. Mäusescheunen des Baumberggebietes). Als weitere Nebengebäude sind meist Schuppen zum Unterstellen von Wagen und Gerät vorhanden, da und dort auch Schafställe. Auch ein Backhaus findet sich auf vielen Höfen. Eine besondere Stellung nimmt der Speicher ein, der stets etwas abseits vom Haus liegt. Hier lagerte das Brotkorn und das Saat-

Abb. 7.
Lehmwand
in Hartum
Kr. Minden.

Abb. 8.
Lehmwand
in Berge
Kr. Unna.

Abb. 9.
Lehmwand
in Sprakel
Kr. Münster.

In allen Teilen Westfalens haben sich die Lehmfachwände, die noch bis Mitte des vorigen Jahrhunderts allgemein verbreitet waren, vereinzelt in Resten erhalten. Schmale oder breitere Eichenscheite wurden in Nuten der Balken eingeschoben und mit Zweigen umflochten. Die Felder wurden dann mit Lehm beworfen und geglättet, teils mit Mustern versehen oder auch gekälkt.

Abb. 10. „Sprenkelwand“ in Legden Kr. Ahaus.

Abb. 11. Lehmwand in Niederdresselndorf Kr. Siegen.

Abb. 12. Torfschuppen in Südhemmern Kr. Minden.

Im Kreise Borken wird die „Sprenkelwand“ mit Faulbaumzweigen geflochten, im Kreise Siegen dagegen werden Fichtenzweige zur Lehmwand verwendet. Abweichend vom übrigen Gebiet liegen im Siegerland die Sprossen vielfach wagerecht. Eine Besonderheit zeigen die Torfschuppen im Gebiete Minden-Lübbecke, wo die Flechtwände den Luftdurchtritt erleichtern sollen.

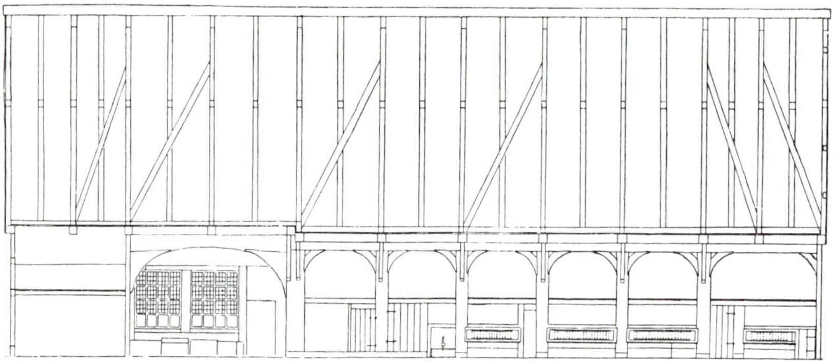

Abb. 13.

Aufriß (nach Aufmessung und Zeichnung des Stadtbauamts Bielefeld) 1:250.

Ummeln (Kr. Bielefeld); jetzt Bauernhausmuseum Bielefeld. Das um 1550 errichtete Haus des Meiers zu Ummeln wurde 1916 als Bauernhausmuseum am Rande der Stadt Bielefeld wieder aufgebaut. Das Haus ist ein gutes Beispiel der schlichten und doch behäbigen und gediegenen Bauweise der westfälischen Bauern.

gut des Hofes. Selbst wenn das Haus in Brand aufging, konnte so die Frucht gerettet werden, und damit war der Bestand des Hofes und die Ernährung der Familie bis zur nächsten Ernte sichergestellt. In unruhigen Zeiten konnte das obere Geschoß des Speichers sogar die letzte Zufluchtsstätte bilden. Die älteren Speicher sind daher zuweilen massiv ausgeführt oder besonders fest und sicher gebaut. Der Speicher wirkt allgemein in seiner abweichenden, zweistöckigen Form mit seiner kleinen Grundfläche wie ein Fremdling auf dem Hofe. Besonders eigenartig sind die Haferkästen des märkischen Sauerlandes, die völlig aus Bohlwänden gezimmert sind. Schließlich ist auf die „Leibzucht" hinzuweisen, in der der alte Bauer mit seiner Frau seine alten Tage verlebte, nachdem er den Hof auf den Hofeserben übertragen hatte.

Beim Bauernhaus wirken in bezug auf Raumgestaltung und Formengebung zweifellos Gründe, die die Formen aus innerer Notwendigkeit heraus so und nicht anders werden ließen. Aber schon das örtliche Nebeneinander des Zweiständers und des Vierständers zeigt, daß verschiedene technische Lösungen für dieselbe Aufgabe vorliegen. Schwieriger sind die verschiedenartigen Einflüsse zu fassen, die von außen her die Gestaltung beeinflußten, sei es, daß ortsfremde Meister beim Bau tätig waren oder daß Erfahrungen aus den Wanderjahren des Zimmerers nachklangen oder daß Bauten bei benachbarten Schlössern oder Städten als Vorbilder für Form und Technik einwirkten. Mit ziemlicher Sicherheit ist anzunehmen, daß z. B. die Giebelgestaltung sich öfter an Formen städtischer Bürgerhäuser anlehnt. So ist das stufenweise Vorkragen der oberen Giebelabschnitte, wie wir es bei der Wehlburg in so fein durchgebildeter Weise beobachten können, wohl sicherlich auf städtisches Vorbild zurückzuführen, und die Halbrosetten beim Valepagenhof geben die gleiche Art wieder, wie sie an den Bürgerhäusern von Soest und Paderborn jener Zeit herrschen. Mit großer Wahrscheinlichkeit ist auch anzunehmen, daß die Steinsetzung in den Fachwerkfüllungen, die wir vom Kreise Minden bis nach Höxter hin antreffen, vom

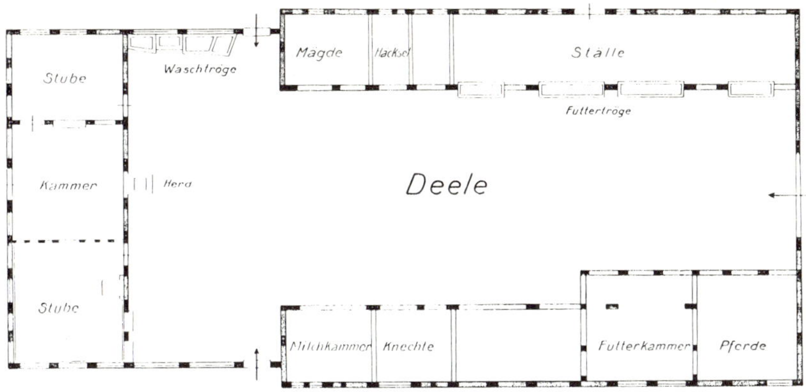

Abb. 14.

Grundriß zu Abb. 13 (nach Aufmessung und Zeichnung des Stadtbauamts Bielefeld) 1:250.

Im nordöstlichen Westfalen ist die Spannweite der Dielenbalken besonders groß. Sie verleiht der Diele eine ungewöhnliche Geräumigkeit, die ihr bei den verschiedenen Wirtschaftsverrichtungen, aber auch bei den großen Familienfeiern, die auf der Diele abgehalten werden, sehr zustatten kommt.

städtischen Bürgerhause herübergekommen ist, wo der Ziegelstein schon längst Verwendung fand, als noch die Lehmfüllung am Bauernhaus allgemein herrschte.

Auch die Zeitverhältnisse haben bestimmt ihre Wirkungen hinterlassen. Zeiten wirtschaftlicher Blüte und gute Erntejahre ließen reichere Gestaltung beim Neubau zu, während Notjahre zu schlichten Zweckbauten, selbst zu Kümmerformen zwangen, die später bei der sparsamen Art des Bauern nicht einfach abgerissen wurden, sondern neben dem später errichteten, geräumigeren Hause zu untergeordneten Zwecken Verwendung fanden. Zu berücksichtigen ist ferner die verschiedene Rechtslage. Dem Bauern, der den Hof als freies Eigen bewirtschaftete, war ein stärkerer Anreiz gegeben, den Neubau vollkommen zu gestalten, als dem abhängigen Lehnsmanne oder gar dem Pächter, der nur auf Zeit auf dem Hofe saß, selbst dann, wenn die Familie Geschlechter hindurch den gleichen Hof innehatte. Daraus erklären sich manche Unterschiede der Bauweise, die sich dicht beieinander finden. Sogar landesherrliche Maßnahmen können die Bauweise beeinflussen. So hat die Einführung der Kaminsteuer in der zweiten Hälfte des 17. Jahrhunderts sicher die Bauern nicht angereizt, mit größerer Eile Kamine einzurichten. Aus Gründen der Feuersicherheit wurde in einzelnen Gegenden der Strohwalm am Giebel verboten. Die Verordnung bewirkte dadurch eine völlige Änderung der äußeren Ansicht des Hauses.

Daß auch die Landschaft selbst formgestaltend wirkt, ergibt sich ohne weiteres, wenn wir den weiten Raum, der dem Münsterländer bei der Auswahl des Bauplatzes zur Verfügung steht, mit dem engen Talboden vergleichen, in dem das Haus im Sauerlande seinen Platz finden muß, oder mit dem Taleinschnitt im Sintfelde, wo sich die Höfe um die wenigen, dünnen Wasserfäden drängen. Der Sandboden im westlichen Münsterlande und im Emsgebiet zwingt den Bauern zu einer anderen Nutzungsform des Bodens und zu einer anderen Wirtschaftsweise als der Lehmboden des Baumberggebietes oder des Beckumer Landes oder gar des Hellweggebietes gestattet. Der Sandboden

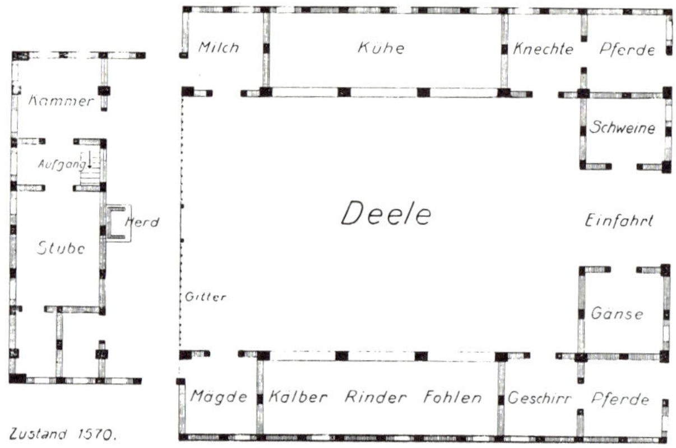

Abb. 15.

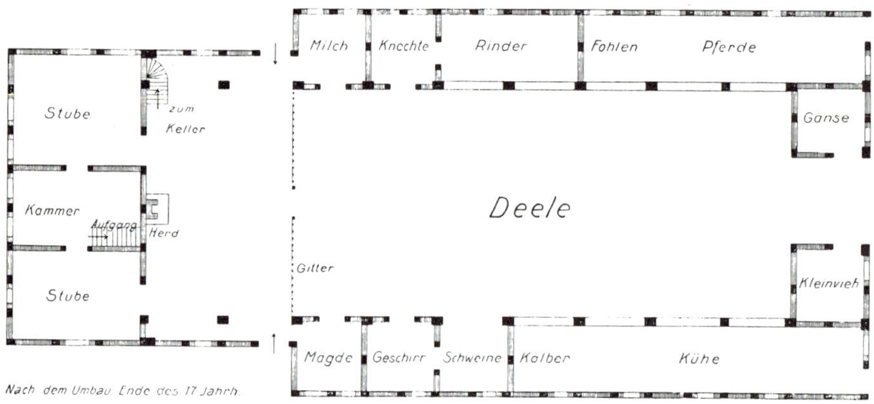

Abb. 16.

Abb. 15—18. Wohnhaus von 1570 des Erbhofes Führing in Wittigenhöfen bei Lemgo (Lippe). (Nach Untersuchungen, Aufmessungen und Entwurf von Karl Führing.) 1:250. Beim Bau des Hauses im Jahre 1570 hatte das Gebäude zunächst nur verhältnismäßig geringe Ausdehnung. Aber bereits Ende des 17. Jahrhunderts wurden sowohl im Wirtschaftsteil wie im Wohnteil je zwei neue Fache angebaut.

bringt geringere und weniger schwere Ernten als der Weizenboden, fordert somit auch geringeren Raum für das Bergen der Ernte, ermöglicht aber bei den hinreichenden Niederschlägen des Münsterlandes und den ausgedehnten Weiden stärkere Viehhaltung.

In anderer Weise haben Bodenart und Untergrund hier den Hausbau begünstigt, dort in einseitige Entwicklung gedrängt. Die Sandböden mit hohem Grundwasserstand lassen keine Unterkellerung zu, die wir im Berglande schon in älterer Zeit fast allgemein finden. Im Flachlande waren oft sogar die wenigen Steine nicht ganz leicht zu beschaffen, die zum Sockel des Hauses notwendig waren. Die Stroharmut des Berglandes war die Ursache, daß dort das Strohdach schon zeitiger durch Schiefer (vielleicht vorher auch durch Schindeln) ersetzt wurde.

Viel stärker und nachhaltiger haben die siedlungsgeschichtlichen Verhältnisse gewirkt. Im Münsterland herrscht heute der Einzelhof, ebenso im größten Teil des märkischen

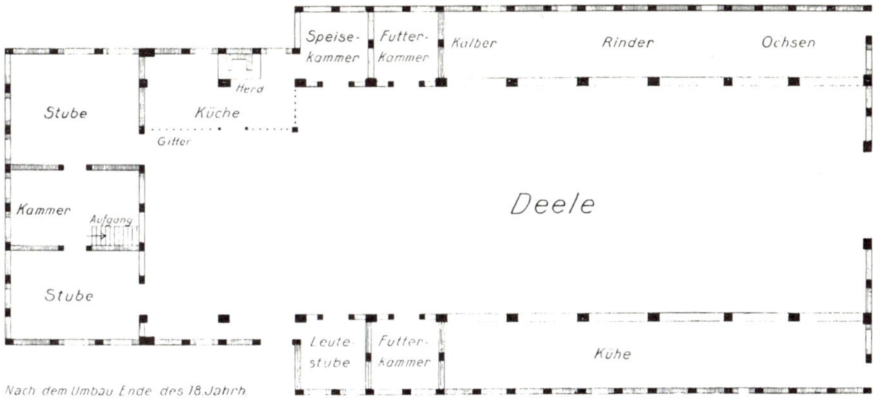

Abb. 17. Nach dem Umbau Ende des 18. Jahrh.

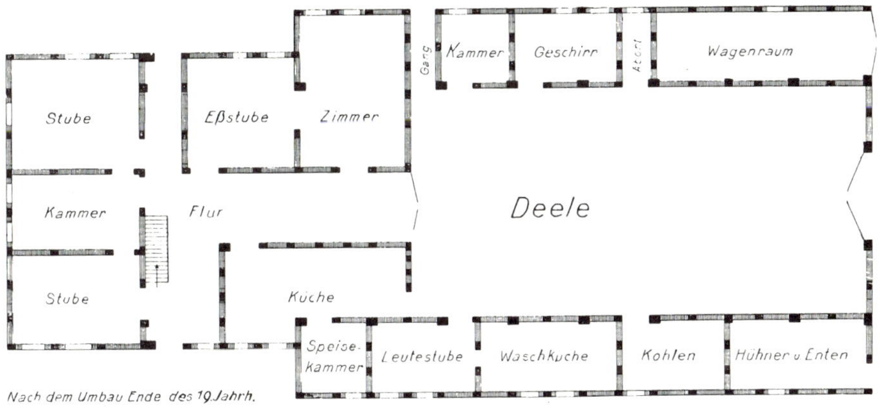

Abb. 18. Nach dem Umbau Ende des 19. Jahrh.

Beim Umbau Ende des 18. Jahrhunderts wurden die Pferde in einem neuerbauten Viehhause untergebracht, dadurch wurde mehr Raum für Kühe und Jungvieh gewonnen. Ende des 19. Jahrhunderts erfolgte nochmals eine innere Umgestaltung. Die Viehställe wurden hinausverlegt, der Wohnteil auf Kosten des Wirtschaftsteils vergrößert.
Eine Erweiterung durch angefügte Fache ist auch anderwärts häufig zu beobachten.

Sauerlandes, während im Hellweggebiet die Dorfsiedlung von alters her üblich ist und im Paderborner Land die spätere Entwicklung ein noch stärkeres Zusammenballen der Höfe in enggeschlossenen Dörfern mitgebracht hat. Untersuchungen der letzten Jahre haben deutlich gezeigt, daß der Einzelhof der heutigen Art auch im Münsterlande eine jüngere Entwicklungsform darstellt, daß auch dort ursprünglich mehr oder minder dorfähnliche, geschlossenere Hofgruppen vorhanden waren, und daß dann erst eine spätere Zeit ein allmähliches Hinausverlegen der Höfe in die Kämpe brachte. Auf jeden Fall hat diese unterschiedliche Entwicklung bewirkt, daß das Bauernhaus innerhalb des geräumigen Baumhofes im Münsterlande sich frei nach der Länge und Breite entfalten konnte, während der steigende Raumbedarf die Bauern bei der engeren Dorflage etwa im Paderborner Lande zwang, auf gleichbleibender Grundfläche die Häuser nach der Höhe hin zu entwickeln. Trotz starker Ähnlichkeiten in der allgemeinen Bauart finden sich in Westfalen daher doch erhebliche landschaftliche Unterschiede beim Bauernhaus.

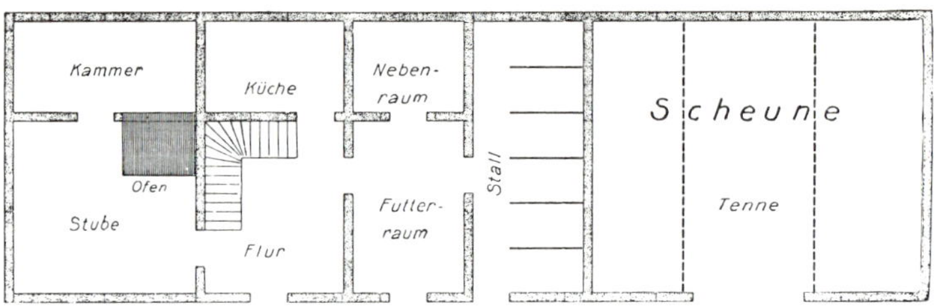

Abb. 19.

Das mitteldeutsche Haus an der Südgrenze Westfalens zeigt eine grundsätzlich andere Raumeinteilung. Hausflur und Küche sind auch bei älteren Bauten voneinander getrennt. Stall und Scheune liegen quer zur Längsrichtung des Hauses.

Im westlichen Münsterlande (Kreise Borken, Ahaus, westlicher Teil der Kreise Steinfurt und Coesfeld) herrscht allgemein der Zweiständer. Das Dach ist tief herabgezogen. Der Herd ist an eine Längswand gerückt. Vom Wohnteil aus führt fast durchweg eine Tür an der Giebelseite nach außen. Das Balkenwerk ist sparsam verwendet, Schmuckformen fehlen bei jüngeren Bauten fast ganz und sind selbst bei älteren Bauten recht schlicht. Das Gebiet besitzt vorwiegend kleinere und mittlere Bauernhöfe, die zu einem erheblichen Teile Pachthöfe sind. Und fast nur noch diese zeigen ältere Gebäude, während die anderen Höfe fast durchweg Neubauten der letzten Jahrzehnte aufweisen.

Nach Osten hin tritt von der Grenze des Lehmbodens ab eine andere Bauform auf, der Vierständer. Nicht nur die Bodenverhältnisse und damit die Nutzungsweise sind hier anders. Im Baumberggebiet und im Beckumer Gebiet gibt der größere Bauernhof (von etwa 120—180 Morgen) der Landschaft das Gepräge. Trotz genügenden Holzreichtums ist das Gebälk im Baumberggebiet auffallend schlicht und einfach gehalten. Schnitzwerk fehlt fast völlig. Selbst das Baujahr ist nur da und dort in den Torbalken eingeschnitten. Das Fachwerk ist in ganz schlichter Weise mit meist ungefugten Ziegelsteinen ausgesetzt, die Balken sind unbehandelt ohne Farbanstrich. Lebendiger wird das Bild bereits im Beckumer Gebiet, wo anscheinend Einwirkungen vom Ravensberger Lande herüberklingen. Dort, besonders in den Kreisen Bielefeld, Halle und Herford, fällt das Bauernhaus durch die reiche Gliederung von Ständern und Riegeln und durch den betonten Gegensatz des schwarzgestrichenen Balkenwerkes gegenüber den weißgekälkten Füllungen selbst zwischen dem dichten Eichenbestand, der meist den Hof umgibt, jedem Vorübergehenden auf. Es ist daher gar nicht erstaunlich, daß das Ravensberger Bauernhaus außerhalb Westfalens fast allgemein als der Inbegriff des westfälischen Bauernhauses überhaupt gilt, obwohl diese Art sich nur auf einen kleinen Teil des Landes erstreckt. Torständer und -balken tragen reichen Schmuck in bunt ausgemalter Schnitzerei. Das Mindener Gebiet weist in mancher Beziehung eine Sonderentwicklung auf, die an die Art des Bauernhauses im Bückeburger Lande anschließt. Der tief herabgehende Giebelwalm — ursprünglich mit Stroh, heute mit Ziegeln gedeckt — verleiht dem Hause seine Eigenart.

Im Emsgebiet greift die Bauart des westlichen Münsterlandes anscheinend noch emsaufwärts vor. Im Kreise Tecklenburg macht sich aber bereits ein Einfluß geltend, der vom Ravensberger und Osnabrücker Gebiete herüberkommt.

1 Arnsberg Meschede (Nord)

2 Olpe Meschede (Süd) Brilon

3 Siegen Nassau

4 Dortmund Recklinghausen Waldeck

5 selten (anscheinend ältere Form)

Abb. 20. Gebälkformen am südwestfälischen Hause.

Die schräggestellten Balken (Kopfbänder und Fußbänder) dienen der Verstrebung gegen Seitenschub. Die Gebälkformen sind aber nur teilweise zweckbedingt, sind teils Schmuckformen, teilweise leben uralte Heilszeichen in ihnen fort. Die im Volke da und dort noch bekannte Bezeichnung „wilder Mann", besonders für die Form 4 und 5, deutet darauf hin. Die einzelnen Formen sind kennzeichnend für bestimmte Landschaften und seit Jahrhunderten in ihrer Art treu beibehalten worden.

Wesentlich anders als das nördlich der Lippe liegende Münsterland ist das Hellweggebiet. Breit hingelagerte, geräumige Vierständer in lockeren Dörfern bieten mit ihrem dunklen Balkenwerk und den weißgetünchten Wandfüllungen ein frisches Bild. Die Türbalken tragen häufig Sprüche, und im Gebälk treten nicht selten besondere Schmuckformen auf. Schnitzwerk ist jedoch kaum vorhanden. Kennzeichnenderweise steht das Vest Recklinghausen in seinen Bauformen dem Hellweggebiet näher als dem Münsterlande.

Wieder anders ist das Bauernhaus im Sauerland gestaltet. Im Ennepegebiet und im Kreise Iserlohn liegen noch starke Ähnlichkeiten mit dem Hellweggebiet vor. Durch die häufige Bekleidung der Wetterseite oder auch des ganzen Hauses mit Schiefer bekommt zwar das Haus, das mit seinen weißen Fensterrahmen und grünen Läden frisch aus dem Baumhof herauslugt, ein anderes Gesicht. Durch den Schieferbeschlag wird aber das ursprünglich allein vorhandene Fachwerk nur verdeckt. Im Kreise Altena überwiegt der Bruchsteinbau mit dicken Mauern und niedrigen, aber breiten Fenstern. Daneben finden sich dort Bauten mit Grundmauern bis zur Wohnraumhöhe, darüber setzt dann Fachwerk auf.

Im Kölnischen Sauerland ist der Massivbau aus Bruchstein selten, obwohl es dort an Bruchsteinmaterial nicht mangelt. Oft ist allerdings die Grundmauer im Wohnteil hochgezogen. Das Balkenwerk zeigt einen großen Reichtum an Schmuckformen. Besonders die Giebel sind oft sehr reich gestaltet. Während zwar überall die Längsdiele ursprünglich die herrschende Bauform darstellte, ist man im ganzen Gebiet anscheinend schon seit Jahrhunderten mehr und mehr zur Querdiele übergegangen oder hat die Stallungen in Querbauten und die Erntevorräte in gesonderten Scheunen untergebracht. Die engen Hofräume zwangen zu einer Änderung der Bauweise, die das Gesamtbild grundlegend umgestaltet hat.

In den Kreisen Siegen und Wittgenstein reicht von Süden her in westfälisches Gebiet die mitteldeutsche Bauart herüber, bei der die Raumgliederung des Hauses eine grundsätzlich andere ist. Der Hauseingang führt von der Traufseite her in den Hausflur

Abb. 21.

Wildungen, Wegaerstraße. Die Gebälkform ist an älteren Bauten noch vereinzelt anzutreffen. Sie erinnert an alte Bauhüttenzeichen.

Abb. 22.

Gebälkform in der Gegend von Dortmund. Dortmund-Barop, Heimsath; Haus erb. 1798.

Abb. 23.

Gebälkform am Bauernhaus des südlichen Sauerlandes. Braunshausen (Kr. Brilon); Knecht. Die Formen (vergl. Abb. 20) treten am Eckpfosten, an der Längswand und an der Giebelwand auf. Der Eckpfosten trägt hier außerdem besondere Schmuckformen, die anderwärts vielfach farbig behandelt sind.

Abb. 24.

Gebälkform am Siegerländer Bauernhaus. Holthausen bei Burbach; Emil Moos; erb. 1767.

Abb. 25. Gebälkformen in Hagen-Haspe, Berliner Straße. Die zu einem Rautenband vereinigten Malkreuze finden sich als schmucke Gebälkform nicht selten in den Kreisen Ennepe-Ruhr und Dortmund.

mit der Küche. Nach der Giebelseite zu liegen die Wohnräume, nach der anderen Seite die Stallung (und Scheune), deren Anordnung jedoch quer zur Längsachse des Hauses läuft. Es handelt sich fast durchweg um kleinere, selten mittlere, bäuerliche Betriebe, bei denen nebenberufliche, nichtlandwirtschaftliche Tätigkeit vielfach stark in den Vordergrund tritt. Die Häuser des Gebietes sind besonders geartete Grenzformen und als solche nur im Zusammenhang mit der rein bäuerlichen Entwicklung in den südlich anschließenden Kreisen zu verstehen. Es muß hier davon abgesehen werden, näher darauf einzugehen.

Wie weit südlich der Lippe das Gebiet Büren und Paderborn eine Sonderstellung einnimmt, ist noch nicht klar zu übersehen. Im großen Ganzen lehnt sich das Gebiet an den Hellwegraum einerseits und an das Münsterland andererseits an.

Dagegen ist in den Kreisen Warburg und Höxter eine deutliche Abweichung gegenüber dem innerwestfälischen Raum zu beobachten. An Stelle durchgehender Außenständer ist vielfach das Fachwerk in Form von zwei niedrigen Stockwerken gestaltet, auf denen dann die Dielenbalken ruhen. Die Türständer und -balken sind oft mit reichem Schnitzwerk geziert.

Solange noch keine sorgfältige Einzelaufnahme aller noch vorhandenen alten Bauernhäuser vorliegt, ist es nicht ganz leicht, einen klaren, einwandfreien Überblick über die

Abb. 26. Meßlingen (Kr. Mind.) Kruse-Weitenkamp 179, Haus erb. 1790, Giebelzier ist jünger.

Abb. 27. Hahlen (Kr. Minden) Bredemeier Nr. 132, Haus erb. 1793.

Abb. 28. Windheim (Kr. Mind.) Nürge Nr. 23.

Giebelzier im nördlichen Westfalen.

Die Windbretter der Strohdächer, die dem Strohdach am Giebel einen festen Halt geben sollten, endeten in Zierformen, die anscheinend landschaftlich ganz bestimmte Züge trugen. Die Pferdeköpfe mit den Zügeln in Abb. 26 sind als eine junge Form anzusprechen. Ältere Formen sind nur noch selten anzutreffen und dann meist stark verwittert.

landschaftlichen Unterschiede und deren räumliche Abgrenzung zu gewinnen. Die vorstehende Darstellung will daher lediglich einen vorläufigen Anhalt geben.

Der Überblick wird zunächst auch dadurch erschwert, daß neben die räumlichen noch zeitliche Abweichungen in den Hausformen treten. Bauten aus der Zeit vor 1630 sind außerordentlich selten geworden. Es sind zudem nicht immer wirkliche Bauernhäuser, sind zum Teil kleine Kotten oder Nebengebäude, oder aber sie sind stark umgebaut, daß es nur mühsam möglich ist, das ursprüngliche Bild einigermaßen wiederherzustellen. Alle diese alten Bauten zeichnen sich durch ganz auffällig wuchtiges Balkenwerk aus. Die wirtschaftliche Not, die der Dreißigjährige Krieg mit sich brachte, hat dann den Waldbestand Westfalens stark gelichtet. Bei Neubauten mußte mit dem Balkenmaterial in der Folgezeit immer sparsamer umgegangen werden. Die Balken wurden deshalb immer dünner, und um die nötige Tragfähigkeit zu schaffen, mußten die Balken wesentlich enger gestellt werden. Aber auch die Formen wurden immer nüchterner. Die mit viel Liebe und Sorgfalt und mit feinem Formgefühl gearbeiteten bogigen Kopfbänder der Dielen wurden durch einfache, kantig zugeschnittene Balkenstücke ersetzt. Die Kanten der Torständer, die zunächst mit Perlstabmuster oder anderen Formen geziert waren, wurden nach 1700 bis gegen 1750 zunächst noch gerundet, bis auch sie einfach kantig hingestellt wurden. Noch bis zur Mitte des 18. Jahrhunderts wurden die unteren Bretterenden der Giebelbekleidung zum Schmuck sorgfältig ausgekerbt. Die Kopfbänder der Haupt- und Zwischenständer an den Giebelseiten waren zunächst noch groß und kräftig angelegt. Allmählich wurden sie kleiner und kleiner, wurden in der zweiten Hälfte des 18. Jahrhunderts durch immer kleinere Knaggen ersetzt, bis auch diese um 1800 verschwanden. So ist ganz allgemein eine Verarmung der Formen und

Abb. 29. Heggen (Kr. Olpe), Peterschulte, Haus erb. 1730.

Abb. 30. Kleinen-Drescheid (Kr. Altena), Altrogge.

Abb. 31. Hellefeld (Kr. Arnsberg), Anton Henke.

Giebelzier im südlichen Westfalen.

Durch das Verschwinden der Strohdächer geht mehr und mehr auch die Überlieferung bei den Formen der Giebelzier verloren. Es ist nur noch schwer feststellbar, ob eine abweichende Form tatsächlich alte örtliche Überlieferung oder aber eine Verkümmerung oder Entartung bedeutet. Gegenüber der Abb. 30 zeigt z. B. ein älteres Bild bei dem Hause von Hellefeld um 1900 eine wesentlich andere Form der Giebelzier.

ein Fortlassen alles nicht unbedingt notwendigen Beiwerks festzustellen. Nur im Ravensberger Lande bleibt eine Zeitlang die Freude an schmucker Gestaltung noch lebendig. In ähnlicher Weise ist das, wenn auch anders gerichtet, in Teilen des Kölnischen Sauerlandes der Fall.

Daneben findet eine immer stärkere Umgestaltung und Ausgestaltung des Wohnteils statt. Schornsteine werden eingebaut, Öfen aufgestellt, größere und gut verglaste Fenster eingefügt. Der Wohnteil wird durch eine Trennwand vom Wirtschaftsteil geschieden, eine besondere Küche (meist seitlich) eingerichtet, weitere Wohnräume treten hinzu. Auch bei den älteren Häusern werden an das Küchenfach weitere Wohnfächer angesetzt.

Aber auch der Wirtschaftsteil macht eine Fortentwicklung durch. Infolge der Markenteilung, die etwa mit der Mitte des 18. Jahrhunderts einsetzt, und dann infolge der Gemeinheitsteilung, wird der Umfang der bewirtschafteten Fläche der Höfe wesentlich erweitert. Durch die steigende Verbesserung der Wirtschaftsweise steigt der Viehbestand und nehmen die Erntemengen erheblich zu. Die Folge davon ist, daß entweder weitere Fache an den Wirtschaftsteil angefügt, oder daß Querflügel mit Stallung angebaut werden. Als dann die Dreschmaschine den Flegeldrusch verdrängt, verliert damit die alte Dreschdiele ihre ursprüngliche Bedeutung. Man kann daher beobachten, wie nunmehr die Viehstände auf Kosten des nicht mehr voll genutzten Dielenraumes erweitert werden. Aus der Dreschtenne ist ein Futterraum geworden. So hat das westfälische Bauernhaus allmählich seine ursprüngliche Einheitlichkeit unter der Wandlung der Verhältnisse eingebüßt.

Abb. 32. Eickum (Kr. Herford), Eickhoff.

Abb. 33. Hahlen (Kr. Minden), Sültemeyer, Haus erb. 1811.

Abb. 34. Niederjöllenbeck (Kr. Bielefeld), Meyer zu Jöllenbeck, Haus erb. 1767.

Der Geckpfahl in Minden-Ravensberg.

Im nordöstlichen Westfalen tritt eine eigentümliche Form der Giebelzier auf, die ortsüblich als „Geck" oder „Geckpfahl" bezeichnet wird. Die Formen sind außerordentlich wechselnd. Neben den örtlichen Verschiedenheiten in den einzelnen Gebieten sind die zeitlichen Wandlungen der Formen zu verfolgen. Der Geckpfahl ist im Raum Osnabrück—Bielefeld—Bückeburg allgemein verbreitet. Nördlich schließt sich an sein Verbreitungsgebiet ein Raum an, wo Pferdeköpfe die Giebelzier bilden.

Über der bei den meisten Schilderungen fast nur auf das rein Sachliche eingestellten Betrachtung darf nun nicht vergessen werden, daß das Bauernhaus mehr ist als nur Wohnstätte und Werkraum. Es ist das Haus des Bauern, des mit seiner Scholle durch lange Jahrhunderte hindurch verwurzelten bäuerlichen Menschen. Und das Bauernhaus ist nicht nur eine Urkunde, die vom Wirken und Schaffen vergangener Geschlechter berichtet, in ihm haben sich auch Äußerungen des Denkens und Empfindens jener bodenständigen bäuerlichen Menschen ausgeprägt. Denn sein Haus ist dem Bauern ja der ständige Mittelpunkt seiner sonst eng begrenzten Lebenswelt. In der Gestaltung seines Hauses, in den Grundzügen sowohl wie in kleinen, unscheinbaren Einzelheiten, haben nicht nur die wirtschaftlichen Erfordernisse sich ausgewirkt und auch nicht nur seine Ansprüche an das Leben — so daß das Haus damit zur wirtschaftsgeschichtlichen und sozialgeschichtlichen Urkunde wird — sondern in ihm haben auch sein Formempfinden und sein Schönheitsgefühl an Schmuckformen, an Farben, an Malerei und Schnitzwerk ihren Ausdruck gefunden, und nicht zuletzt müssen sich Äußerungen finden, die die innige, sonst still in sich verschlossene Art seines Glaubens und Fühlens erkennen lassen. Zwar wird heute selbst in volkskundlichen Fachkreisen die Bedeutung jener uns einigermaßen fremd gewordenen Überreste uralten Volksgutes noch nicht voll erkannt, und sie kann auch vom Stadtgeborenen nur schwer erkannt und erfühlt werden. Aber bei gewissenhaftem und liebevollem Nachspüren werden wir immer mehr Reste und Belege klar und einwandfrei herausschälen können, und es wird überraschen, mit welcher Treue lange Jahrhunderte hindurch am Bauernhaus bestimmte Formen und Heilszeichen bewahrt geblieben sind. Wenn heute wohl niemand abstreitet, daß die Pferdeköpfe der Giebelzier zurückgehen auf uralten Brauch aus vorchristlich-germanischer Zeit, obwohl seit fast 1200 Jahren die bäuerliche Bevölkerung zum Christentum bekehrt ist, warum soll denn schließlich abgestritten werden, daß auch andere Reste alter Vorstellungen uns bis auf unsere Tage als Brauchtum am alten Bauernhaus überkommen sind? Soll etwas nur deshalb abgelehnt werden, weil man es zunächst nicht beweisen kann? Wir haben im Gegenteil allen Grund, uns gerade mit den Formen, die uns am alten westfälischen Bauernhause überliefert sind, recht eingehend und gründlich zu befassen, müssen allerdings dabei mit aller Sorgfalt und Treue zu Werke gehen, damit nicht wertvolle Quellen voreilig und in nicht wieder gutzumachender Weise getrübt oder gar verschüttet werden.

So hat das Bauernhaus uns mancherlei zu sagen. Notwendig ist nur, daß wir lernen, die Sprache zu verstehen, die es zu uns spricht. Von Tag zu Tag gehen uns aber immer mehr alte Bauten verloren durch Umbau und Abbruch oder durch Feuersbrunst. Es gilt daher mit allem Nachdruck, den noch vorhandenen Bestand zu untersuchen, um wenigstens von dem uns verbliebenen Rest der Nachwelt genügend Kunde geben zu können. Es reicht nicht aus, eine Anzahl „Typen" zu betrachten oder eine kleine Auslese zu treffen. Grundsätzlich muß jeder einzelne ältere Bau untersucht werden. Nur dann kann ein einwandfreies Bild entstehen.

Eine solche Aufgabe geht über die Schaffenskraft eines Einzelnen weit hinaus, vor allem wo es gilt rasch zu handeln. Es ergeht daher an alle, die dazu in der Lage sind, der Ruf, mitzuwirken an der Bestandsaufnahme unserer alten westfälischen Bauernhäuser. Besonders Landlehrer können da wertvolle Mitarbeit leisten, daß die Bauten in allen ihren einzelnen Teilen durch Lichtbild, Zeichnung, Aufmessung und Beschreibung festgehalten werden, daß die Aufzeichnung der mundartlichen Benennungen der einzelnen Räume und Bauteile Ort für Ort erfolgt und daß die Baugeschichte und die Geschichte der Bewohner und der Umwelt geklärt wird. Die Aufarbeitung des Materials wird dann ganz klare Zusammenhänge aufdecken, die heute nur erst in ihren großen Umrissen erfaßt werden können. Die geographische Verbreitung der einzelnen Formen der Giebelzier des Bauernhauses, der Köpfe einerseits und der Geckpfähle andererseits, wird uns Grundlagen liefern, um die völkische Gliederung und Schichtung der westfälischen Bevölkerung aufzuzeigen, ebenso wie die Untersuchung über die Verbreitung der technischen Einzelheiten beim Fachwerk, der Hofnamen und der mundartlichen Formen der Fachausdrücke neue Aufschlüsse bringen wird. Schließlich wird die sorgfältige Sammlung aller Schmuckformen, Heilszeichen und Hausmarken bestimmt manch wertvolle und manch unerwartete Erkenntnis zu Tage fördern.

Es ist aus diesem Grunde nicht nur unser Recht, sondern auch unsere Pflicht, mit aller Liebe, deren die Heimat bedarf, uns auch der Pflege des Bauernhauses zu widmen. Wenn in den vergangenen Jahrzehnten von den Behörden Tausende und Abertausende zur Erhaltung alter Burgen und Schlösser ausgeworfen wurden, dann darf wohl erwartet werden, daß künftig die öffentlichen Stellen sich auch der Pflege und des Schutzes des Bauernhauses annehmen. Lohnen wird es sich bestimmt. Die nachhaltigste Förderung und Pflege wird allerdings erst dann erreicht, wenn der Bauer selber sich erst dessen wieder bewußt wird, was für wertvolles Erbgut durch sein Haus ihm überkommen ist, und daß es Ehre und Pflicht bedeutet, dies Erbe zu schützen und zu betreuen, und daß es Freude und Stolz auslösen muß, einen so alten, schönen und wertvollen Bau sein eigen zu nennen.

Mit der Pflege des alten Bauernhofes darf es aber schließlich nicht sein Bewenden haben. Genau so und noch mehr ist es nötig, das vorhandene und künftige Bauernhaus bewußt zu gestalten. Ein vereinfachter Abklatsch einer städtischen „Villa" oder gar eines Vorstadthauses darf nicht mehr als Bauernhaus hingesetzt werden. Es müßte eigentlich den Verantwortlichen stärker das Gewissen schlagen, wenn sie an die Sünden denken, die am Bauernhaus begangen wurden und — noch heute laufend begangen werden. Nicht nur der Bauherr ist dafür verantwortlich, sondern fast noch mehr der Bauunternehmer, der Architekt und die Baupolizei.

Wir wollen durchaus keine einfache Wiederholung alter Formen. Diese waren Kinder ihrer Zeit und damals in jener Form berechtigt. Wir wollen auch nicht den Bauern zumuten, auf alle Erleichterungen und Annehmlichkeiten eines wohnlichen Heims zu verzichten, die heute von jeder kleinen Stadtwohnung als selbstverständlich verlangt werden. Wir brauchen Bauten, die unter Anwendung aller heutigen neuzeitlichen Mittel technisch vollkommen, die wirtschaftlich durchdacht und zweckentsprechend, die gesund und wohnlich gestaltet sind, die aber auch der Wesensart des bäuerlichen, bodenständigen Menschen entsprechen und die in ihre Umgebung, in die sie hineingesetzt werden, und in die westfälische Landschaft passen.

Abb. 35. Homer (Kr. Borken); Gernemann. In dem alten Wirtschaftsteil des Hauses zieht sich das Dach tief herab. Die beiden Ständer tragen nach innen gekehrte Kopfbänder. Der Wohnteil ist jünger, die Räume sind dort wesentlich höher.

Abb. 36. Seppenrade, Bsch. Ondrup (Kr. Lüdinghausen). Der altertümlich erscheinende kleine Kotten stellt eine Kleinausgabe eines Bauernhauses dar. Da der Wirtschaftsteil nur geringen Raum braucht, überwiegt der Wohnteil und gibt dadurch dem Ganzen ein anderes Aussehen.

Rhedebrügge (Kr. Borken); Pütter; erb. 1790.

Abb. 37.

Hemden (Kr. Borken); Hidding.

Abb. 38.

Die Küche mit dem Herdfeuer liegt an der Giebelwand des Wohnteils. Hohe und breite Fenster machen den Raum hell und freundlich. Zu beiden Seiten der Küche liegen die Wohn- und Schlafräume. Von der Küche aus führt an der Giebelseite eine Tür nach außen. Der Wirtschaftsteil in Abb. 38 ist ein jüngerer Anbau.

Abb. 39.

Heek, Bauersch. Ahle (Kr. Ahaus); Heinr. Heyng.

Abb. 40.

Wüllen, Bauersch. Quantwick (Kr. Ahaus); Hassels, erb. 1749.

In Abb. 39 reicht das Dach tief herab, im Wohnteil aber ist die Seitenwand weniger weit nach außen gesetzt, um lichtere Räume zu gewinnen. In Abb. 40 ist die rechte Hausseite durch Umbau höhergezogen.

Abb. 41.

Alstätte, Bauersch. Schwiepinghoek (Kr. Ahaus); Orthaus.

Abb. 42.

Wessum, Bauersch. Averesch (Kr. Ahaus); Söbbing.

In Abb. 41 sind die Seitenschiffe erneuert, der Wohnteil ist jüngerer Bau. Das Haus in Abb. 42 wurde 1875 durch Brand teilweise zerstört und dann wieder ergänzt.

Abb. 43.

Coesfeld, Bauersch. Flamschen (Kr. Coesfeld); Poppe, erb. 1790.

Abb. 44.

Wirtschaftsteil des Erbhofes Poppe, dessen Wohnteil Abb. 43 zeigt.

Im Gegensatz zu den Häusern in Abb. 37 und 38 liegt die Küche unmittelbar anschließend an den Wirtschaftsteil quer zur Diele. Die Wohn- und Schlafräume grenzen nach der Giebelseite zu an die Küche an.

Abb. 45. Borghorst, Bauersch. Dumpte (Kr. Steinfurt). Greiwe, erb. 1677. Der Brettergiebel hängt über die Giebelmauer vor, um die Wand, die ursprünglich wohl allgemein aus Lehmfachwerk bestand, gegen Wetterschäden zu schützen.

Abb. 46. Wüllen, Bauersch. Quantwick (Kr. Ahaus); Anton Werlemann, erb. 1809. Beim Vierständerhaus tragen die Reihen der Außenständer mit an der Last, die auf den Dielenbalken ruht. Das höhergestellte Dach verleiht dem Hause einen massigeren Ausdruck.

Abb. 47.

Ledde (Kr. Tecklenburg); Hackmann-Legenbeck, erb. 1801.

Abb. 48.

Lengerich, Bauersch. Wechte (Kr. Tecklenburg); Arelmann, erb. 1797.

Die Innenständer sind an der Giebelwand deutlich dadurch erkennbar, daß von ihnen aus Kopfbänder als Seitenverstrebungen zu den quer darüber liegenden Dielenbalken gehen. In Abb. 48 sind auch in der einen Außenwand (links) Ständer eingebaut (Dreiständerhaus).

Abb. 49.

Brochterbeck (Kr. Tecklenburg); Kelmeyer, erb. 1799.

Abb. 50.

Lienen (Kr. Tecklenburg); Grundmann.

Bei Abb. 49 geht das Dach tief herab, in Abb. 50 sind die Seitenwände dagegen wesentlich höher.

Abb. 51.

Hambüren (Kr. Tecklenburg); Friedr. Harte.

Abb. 52.

Lengerich, Bauersch. Wechte (Kr. Tecklenburg); Löllmann, erb. 1736.

Während das Haus in Abb. 51 an die Bauweise im Norden und Nordosten anklingt, schließt sich das Haus in Abb. 52 mit seinem sparsamer verwendeten Gebälk an das Münsterland an.

Abb. 53.

Ladbergen, Bauersch. Hölter (Kr. Tecklenburg); Müllers Hof, erb. 1799.

Abb. 54.

Emsdetten, Bauersch. Isendorf (Kr. Steinfurt); Naber, erb. Ende des 18. Jahrh.

Abb. 53 entspricht der Hausform des Emsgebietes südlich des Teutoburger Waldes. Abb. 54 dagegen ist ein Vierständerhaus, wie es auf den Lehmböden des Baumberggebietes allgemein anzutreffen ist.

Abb. 55. Ladbergen (Kr. Tecklenburg); Große-Stockdieck, erb. 1713. Der Bau ist ein südlicher Ausläufer einer Bauweise, die das Artland (nördlich Osnabrück) beherrscht. Das starke und mehrfache „Vorkragen" des Giebels mit seinem enggestellten Gebälk verleiht dem Hause ein lebendiges und doch behäbiges Aussehen.

Abb. 56. Lienen (Kr. Tecklenburg); Ibershoff, erb. 1805. Im Osten des Kreises Tecklenburg ragt eine andere Bauweise in das Gebiet herein, die vom Ravensberger Lande herüberkommt. Die Wände sind durch zahlreiche Zwischenpfosten und Riegel in enge Felder geteilt, das Balkenwerk ist vielfach farbig behandelt.

Abb. 57. Ladbergen (Kr. Tecklenburg); Budde, Anbau 1815. Der Kern des Hauses mag vor 1600 errichtet sein. Die letzte Erweiterung durch Anfügen weiterer Fache erfolgte 1815. Doch ist anscheinend bereits vorher schon einmal eine Erweiterung vorgenommen worden.

Abb. 58. **Beelen** (Kr. Warendorf); Große-Frie, erb. 1709. Der neue Raumbedarf wurde nicht durch Erweiterung des alten Hauses, sondern durch Neubau eines Nebengebäudes befriedigt, dadurch blieb der alte Bau in seinen früheren Formen erhalten.

Abb. 59.

Amelsbüren (Kr. Münster); Suttarp; um 1790.

Abb. 60.

Stevern (Kr. Münster); Brinkmann.

Das Bauernhaus des Baumberggebietes ist überaus schlicht gehalten. Heute sind die Felder des Fachwerkes fast durchweg mit Ziegelsteinen ausgesetzt. Bei Abb. 60 zeigt jedoch der Wohnteil noch einige Felder mit dem ursprünglichen Lehmgeflecht.

Abb. 61.

Albachten, Bauersch. Niederort (Kr. Münster); Börnstein.

Abb. 62.

Roxel, Bauersch. Brock (Kr. Münster); Ruckmann, erb. 1842.

Bei Abb. 61 ist deutlich erkennbar, daß die beiden letzten Fache angebaut sind. Dadurch wurde weiterer Raum gewonnen. In Abb. 62 hat der hohe Speicher das Tor erst nachträglich erhalten. Die Zweckbestimmung des Gebäudes war eine andere geworden.

Abb. 63.

Senden, Bauersch. Bechtrup (Kr. Lüdinghausen); Sobbe.

Abb. 64.

Nordkirchen (Kr. Lüdinghausen); Blom.

Ähnlich wie im Kreise Münster sind auch im Kreise Lüdinghausen die Häuser in ihren Formen recht schlicht und ruhig gehalten. Gekälkte Wände treten kaum auf. Das Bild wird von den dunklen Ziegelfüllungen beherrscht.

Abb. 65.

Beckum, Bauersch. Unterberg II (Kr. Beckum); Schulte-Steinhoff; erb. Ende des 18. Jahrhunderts.

Abb. 66.

Stromberg, Bauersch. Linzel (Kr. Beckum); Schulte, erb. 1713.

Das Bauernhaus ist in seinen alten, gedrungenen Formen im wesentlichen erhalten geblieben, da der Raumbedarf durch Anbauten gedeckt wurde.

Abb. 67.

Beelen (Kr. Warendorf); Tiggermann, erb. 1793.

Abb. 68.

Marienfeld (Kr. Warendorf); Meier Westmeyer, erb. 1808.

Von dem Haus Abb. 67 berichtet die Überlieferung, daß der Bauer in zweijähriger Arbeit den Bau allein errichtete. Bei Abb. 68 beweisen die verhältnismäßig schlanken Balken, daß die Holzknappheit der napoleonischen Zeit sogar bei einem großen Meierhof sich fühlbar machte.

Abb. 69.

Ostenfelde (Kr. Warendorf); Strothmann erb. 1614.

Abb. 70.

Gütersloh, Avenwedde (Kr. Wiedenbrück); Meier-Avenwedde; erb. 1716.

Der Bau in Abb. 69 trägt ganz das Gepräge des münsterländischen Hauses, während Abb. 70 mit seinen dichtgestellten Pfosten bereits starke Anklänge an das Ravensbergische zeigt.

Abb. 71.

Bokel (Kr. Wiedenbrück); Schulte-Geißel; erb. um 1748.

Abb. 72.

Langenberg (Kr. Wiedenbrück); Westerschulte; erb. 1758.

Beide Bauten sind wohl im wesentlichen unverändert. Rechts und links führen neben den Außenständern kleine Türen zum Kuhstall und zum Pferdestall.

Abb. 73.

Ostenland (Kr. Paderborn); Diekmann, erb. 1738.

Abb. 74.

Dörenhagen (Kr. Paderborn); Busch, erb. 1804.

Zwischen der Bauweise des Delbrücker Landes und der der südlich anschließenden Paderborner Hochfläche bestehen anscheinend ziemlich enge Zusammenhänge, wenn auch im Süden Bruchsteinmauern stärker in Erscheinung treten. Besonders die Giebelseite des Wirtschaftsteiles ist sehr häufig mit einer massiven Wand ausgestattet.

Abb. 75. Delbrück (Kr. Paderborn); Valepagenhof, erb. 1577. Einer der schönsten alten Höfe des mittleren Westfalens. Das Schnitzwerk mit seinen halben Sonnen gleicht dem an gleichzeitigen Häusern der Nachbarstädte. Sehr kennzeichnend sind die stark geschwungenen und dabei kurzen Kopfbänder, die nicht nur an den Ständern, sondern auch an den Zwischenständern der Giebelseite auftreten.

Abb. 76. Ostenland (Kr. Paderborn); Osterhorsthof, erb. 1732. Im Gegensatz zum Valepagenhof zeigt der Osterhorsthof rein bäuerliche, bodenständige Art. Breit hingelagert, mit wuchtigem Gebälk, ganz einfach und schlicht, liegt der schmucke Hof vor uns.

Abb. 77.

Hörste (Kr. Büren); Schnelle, erb. 1743.

Abb. 78.

Esbeck (Kr. Lippstadt); Heitmann, erb. 1782.

Die „Bühne" über den Ställen ist am Hellweg geräumiger und höher gestaltet. Für die Nebenräume und Kammern ist dadurch mehr Platz gewonnen als bei den Häusern des Münsterlandes.

Abb. 79.

Westernkotten (Kr. Lippstadt); Bredenold, erb. 1714.

Abb. 80.

Böckenförde (Kr. Lippstadt); Köller-Östereiden, erb. 1751.

Westernkotten hatte schon frühzeitig einige Bedeutung durch seine Salzsiederei. Dadurch erscheinen die Bauten nicht unberührt von ortsfremden Einflüssen. Dennoch gleichen sie im großen Ganzen denen der Nachbarorte.

Abb. 81. Böckenförde (Kr. Lippstadt); Eickenbusch. Wie auch bei vielen anderen Häusern zeigt das Balkenwerk der Giebelseite durchaus keine Symmetrie und bietet doch ein gefälliges Bild. Der „Erntehahn" über der Niendör ist seit Väterzeiten treu als Brauch beibehalten worden.

Abb. 82. **Recklingsen** (Kr. Soest); Hof Schulze zur Lohe, erb. 1749. Nur ganz wenige der alten großen Schulzenhöfe der Soester Börde sind dem Abbruch oder Umbau entgangen. Von mächtigen Eichbäumen umgeben liegt das alte Haus inmitten des geräumigen Hofes. Nebengebäude haben heute Aufgaben übernommen, die früher das große Haus allein zu leisten hatte.

Abb. 83.

Hattrop (Kr. Soest); Heinrich Trockels, erb. 1785.

Abb. 84.

Dorfwelwer (Kr. Soest); Franzen, erb. 1700.

Das Bauernhaus der Soester Börde ist zwar überall recht geräumig, aber doch schlicht in seiner ganzen Art geblieben, trotzdem der Börde seit jeher ein gesunder Wohlstand eigen war. Auf Abb. 84 steht der Ziehbrunnen noch ganz so wie zu Großvaterszeiten auf dem Hof.

Abb. 85.

Bixterhausen (Kr. Iserlohn); Schulte-Richter, erb. 1769.

Abb. 86.

Sümmern, Bauersch. Wulfringsen (Kr. Iserlohn); Monecke.

Obwohl der Kreis Iserlohn bereits dem Berglande südlich der Ruhr angehört, lehnt sich das Bauernhaus an die Bauart des mittleren Hellweggebietes an.

Abb. 87.

Rhynern (Kr. Unna); Renningholtz; erb. 1764.

Abb. 88.

Süddinker (Kr. Unna); Mönninghoff-Hagenhoff, erb. 1720.

Auch im Kreise Unna zeigt das Bauernhaus größtenteils ein ähnliches Gesicht wie im übrigen Gebiet des mittleren und östlichen Hellwegs.

Abb. 89.

Deininghausen (Stadtkr. Dortmund); Jakob, erb. 1799. Der Wohnteil ist angebaut.

Abb. 90.

Ickern (Stadtkr. Castrop-Rauxel); Heidbauer, erb. 1823.

In der Dortmunder Gegend treten gegenüber dem östlich davon liegenden Gebiet andere Ausdrucksformen auf. Die Wände sind noch höher gezogen, dadurch ragen die Balkenköpfe der Dielenbalken auffällig aus der Wand heraus. In den Außenwänden verleihen gabelförmig gestellte Seitenverstrebungen, Malkreuze und liebevoll gestaltete Schmuckformen dem Ganzen ein recht frohes Bild.

Abb. 91. Bockholt (Kr. Recklinghausen); Löver. Während der ältere Wirtschaftsteil des Hauses sich enger an die Bauform des westlichen Münsterlandes anlehnt, ist der jüngere Wohnteil der Bauweise der Dortmunder Gegend verwandt.

Abb. 92. Gerthe (Stadtkr. Bochum); Oberhöffken. Seit etwa 1750 wurde es örtlich üblich, die Außenwände zum Schutze gegen die Witterungseinflüsse mit Schiefer zu bekleiden. Nicht nur im Bergischen Lande, sondern bis weit hinaus in das Vorland drang die Mode vor. Mit den weißen Fensterkreuzen und den grünen Läden gibt der dunkle Schiefer ein schmuckes, sauberes Aussehen.

Abb. 93. Gerthe (Stadtkr. Bochum); Schulte-Mausbeck, erb. 1774. Breit, mit hohen Wänden und hohem Dach bietet das Haus viel Raum. Dennoch wurde bereits Ende des 18. Jahrhunderts die Stallung in einem seitlichen Anbau untergebracht.

Abb. 94. Barop (Stadtkr. Dortmund); Bockholt, erb. 1784. Die Seitenverstrebungen mit ihren hochgereckten Armen verleihen dem Bau einen ganz kennzeichnenden Ausdruck, der sich bei vielen Bauernhäusern der Gegend wiederfindet. Der Wohnteil zeigt hier Schieferverkleidung.

Abb. 95.

Frohlinde (Stadtkr. Castrop-Rauxel); Wittenberg, erb. 1749.

Abb. 96.

Stiepel (Stadtkr. Bochum); Schulze zur Oben, erb. 1812.

Bei dem älteren Haus in Abb. 95 ist die anscheinend ehemals ortsübliche Art der gabelförmigen Seitenverstrebungen vorhanden. Nach 1800 wird aber die alte Überlieferung unterbrochen. Nunmehr werden lange, durchgehende Streben eingebaut, die das Bild eintöniger gestalten.

Abb. 97.

Ostende (Kr. Ennepe-Ruhr); Hausemann, erb. 1775.

Abb. 98.

Haßlinghausen (Kr. Ennepe-Ruhr); Overmann, erb. 1755.

Bis hinauf in die Berge des Ennepe-Gebietes reicht die Bauweise, die wir am westlichen Hellweg antreffen. Durch die Schieferverkleidung entzieht sich allerdings diese Tatsache oft der unmittelbaren Beobachtung.

Abb. 99. Sprockhövel (Kr. Ennepe-Ruhr); Kruse-Diefhausen, erb. 1751. In mehreren Abschnitten sind Umbauten erfolgt. Aber selbst der junge Anbau der beiden Fache im Vordergrund, bei dem das alte große Einfahrtstor durch ein kleineres ersetzt wurde, hat das Gesamtbild des Hauses gewahrt.

Abb. 100. Bochen (Kr. Altena); Winkhaus. Als schlichter, anspruchsloser Zweckbau liegt der kleine frühere Schmiedekotten am Bach, der den Hammer trieb. Entsprechend seinem Sonderzweck ist der Bau nach Abmessungen und Raumverteilung anders als das Bauernhaus der Umgebung und zeigt nur äußerlich einige Anklänge an dessen Bauweise.

Abb. 101.

Haßlinghausen (Kr. Ennepe-Ruhr); Hütter, erb. 1824.

Abb. 102.

Haßlinghausen (Kr. Ennepe-Ruhr); Spennemann, erb. 1801.

Die Schieferverkleidung verdeckt vielfach das Fachwerk der älteren Häuser. Da und dort sind aber auch massive Bauten aus örtlichem Bruchstein entstanden. Mit dem Übergang zum Steinbau wird auch der Grundriß ein anderer. In Abb. 102 liegt das Einfahrtstor auf der Traufseite des Hauses.

Abb. 103.

Lüdenscheid, Bauersch. Kleinen-Drescheid (Kr. Altena); Altrogge.

Abb. 104.

Wiblingwerde, Bauersch. Heide (Kr. Altena); Heiermann.

Im Kreise Altena sind anscheinend schon früh Häuser mit Bruchsteinwänden errichtet worden. Anfangs waren nur wenige und kleine, niedrige Fenster eingebaut. Später wurden einzelne Fenster nach Bedarf vergrößert oder neu eingebrochen. Das äußere Bild der älteren Häuser hat dadurch etwas Unregelmäßiges erhalten. Da und dort finden sich noch Strohdächer.

Abb. 105.

Lüdenscheid, Bauersch. Großen-Drescheid (Kr. Altena); Althoff.

Abb. 106.

Lüdenscheid, Hohensiepen (Kr. Altena); Hohn.

Die weißgekälkten Bruchsteinwände leuchten durch das Laub der Bäume. Trotz der wenigen und kleinen Fenster machen dadurch die Häuser einen freundlichen und schmucken Eindruck.

Abb. 107.

Grevenbrück (Kr. Olpe); Becker-Borggrefe.

Abb. 108.

Heggen (Kr. Meschede); Röttger.

Obwohl es an Bruchsteinen nicht fehlt, sind in den Kreisen Olpe und Meschede Häuser mit Steinmauern nur vereinzelt anzutreffen. Bei Abb. 107 haben anscheinend grundherrliche Einflüsse mitgewirkt.

Abb. 109. Schmidthausen (Kr. Altena); Grefe. Ursprünglich waren wohl überall im Hause die gleichen niedrigen, aber breiten Fenster vorhanden. Die etwas höheren Fenster im Erdgeschoß links haben anscheinend erst später ihre jetzige Form erhalten.

Abb. 110. Heggen (Kr. Olpe); Peterschulte, erb. 1730. Eines der wenigen alten Häuser, die ihr altes Aussehen noch bewahrt haben. Sogar das Strohdach und die Giebelzier an den Windbrettern sind noch vorhanden. Das Fachwerk ruht auf einem Steinsockel, der bis zur Höhe der Stalldecke reicht.

Abb. 111. Saalhausen (Kr. Olpe); Schulte, erb. 1779. Das farbige Schnitzwerk, besonders in den Mittelfeldern des Giebels und an den Eckpfosten, die Spruchbänder über dem Tor und auf dem Giebelbalken und die eigenartigen Gebälkformen geben dem Haus ein ungemein frisches Aussehen.

Abb. 112. **Grevenbrück** (Kr. Olpe); Röttger-Sternberg, erb. um 1700. Heute überdeckt Schieferverkleidung das alte Fachwerk. An Stelle des großen Einfahrtstors ist eine Tür getreten. Form und Lage des Tores sind jedoch noch gut zu erkennen.

Kirchveischede (Kr. Olpe); Duvenöver, erb. 1784. Abb. 113.

Altenhellefeld (Kr. Arnsberg); Otte-Heinemann, erb. 1776. Abb. 114.

Bei Abb. 113 sind die Mittelfelder des Giebels und die Felder unter den Fenstern mit bunten Zierformen geschmückt. Inmitten des Torbalkens ist ein Hakenkreuz eingeschnitten (1784!). Die Bauweise im Kreise Arnsberg ist schlichter. Aber auch hier finden sich die örtlich kennzeichnenden Streben, besonders an den Eckpfosten.

Abb. 115.

Altenhellefeld (Kr. Arnsberg); Aufm Kolk-Mertens, erb. 1769.

Abb. 116.

Altenhellefeld (Kr. Arnsberg); Grote, erb. 1746.

Das Fachwerk setzt auch hier auf dem Bruchsteinsockel des unteren Geschosses auf. Die Giebelbalken tragen breite Spruchbänder. Sonst sind weitere Spruchformen nur vereinzelt anzutreffen. In Abb. 115 ist die frühere Diele umgebaut. An ihre Stelle sind Wohnräume getreten.

Abb. 117.

Nierentrop (Kr. Meschede); Bette, erb. 1770.

Abb. 118.

Frielinghausen (Kr. Meschede); Klöpper, erb. um 1780.

Die Diele ist verhältnismäßig schmal, aber ziemlich hoch. Der Arbeitserleichterung halber sind örtlich nicht selten Aufzüge zum Heuabladen eingebaut, die oft das Bild des Hauses stark beeinträchtigen, vielfach auch Veranlassung wurden, die schönen Schmuckformen des Giebelfeldes zu beseitigen.

Abb. 119.

Reiste (Kr. Meschede); Renter-Schulte, erb. 1802.

Abb. 120.

Niedersfeld (Kr. Brilon); Reilen.

In weiten Teilen des Sauerlandes tritt vielfach nur vereinzelt Schieferverkleidung auf, andererseits sind örtlich aber auch ganze Dörfer damit ausgestattet. Besonders im Kreise Brilon sind Schieferwände recht häufig.

Oedingen (Kr. Meschede); Wicker, erb. 1778. Abb. 121.

Züschen (Kr. Brilon); Stockhausen, erb. 1773. Abb. 122.

Bis hinein in den Kreis Brilon erstreckt sich der Brauch, die Mittelfelder des Giebels mit Schmuckformen auszugestalten. Im einzelnen sind diese Formen überaus vielgestaltig und wechselnd. Bei Abb. 122 ist die alte Diele umgebaut.

Abb. 123.

Braunshausen (Kr. Brilon); Knecht, erb. 1805.

Abb. 124.

Braunshausen (Kr. Brilon); Velmecke, erb. 1805.

Zweistöckige Bauweise und andere Raumgliederung mit Querstall und Quertenne deuten auf hessischen Ursprung des Hauses. Dennoch zeigt das Gebälk starke Anklänge an die Art des sauerländischen Hauses.

Abb. 125.

Wingeshausen (Kr. Wittgenstein); Mühle, erb. 1824.

Abb. 126.

Wingeshausen (Kr. Wittgenstein).

Mit ihrem dichtgestellten Holzwerk und den stark betonten Gebälkformen geben die Häuser ein lebhafteres Bild als im angrenzenden Sauerland.

Abb. 127.

Holzhausen b. Burbach (Kr. Siegen); E. Moos, erb. 1767.

Abb. 128.

Holzhausen b. Burbach (Kr. Siegen); Berg.

Noch reicher ist Holzwerk im Siegerland zum Hausbau verwendet worden. Bei den älteren Häusern mit ihren stärkeren Balken fällt das besonders auf. Als Schmuckformen finden auch Malkreuze häufig Verwendung.

Abb. 129.

Giershagen (Kr. Brilon); Gillers-Knust, (Anbau erb. 1776).

Abb. 130.

Giershagen (Kr. Brilon); Haus des Barock-Bildhauers Pape.

Baueinflüsse von Westfalen und von Hessen aus greifen hier ineinander. Bei dem Haus in Abb. 129 gehen die Ständer durch bis zum Dielenbalken. Der Anbau aber ist stockwerkartig gebaut. Bei Abb. 130 sind deutlich zwei Stockwerke übereinandergesetzt. Trotzdem ist die Längsdiele erhalten geblieben.

Abb. 131.

Borgholz (Kr. Warburg).

Abb. 132.

Bredenborn (Kr. Höxter); Wolff, erb. 1754; Fromme, erb. 1798.

Die Häuser besitzen zwar eine Längsdiele, sind aber zweistöckig. Die Diele ragt in den zweiten Stock empor. In der Giebelwand, und meist auch in der Seitenwand, sind keine tragenden Ständer mehr sichtbar.

Abb. 133.

Wormeln (Kr. Warburg); H. Knaup.

Abb. 134.

Hohenwepel (Kr. Warburg); Lange Straße.

Bis in den Südteil des Kreises Warburg reicht das westfälische Längsdielenhaus, wenn auch in diesen Grenzraum starke Einflüsse aus Hessen herüberragen. So liegen in Hohenwepel Längsdielen und Quertennen dicht beieinander.

Abb. 135.

Nieheim (Kr. Höxter); Seneca, „Das Haus des Richters", erb. 1701.

Abb. 136.

Altenheerse (Kr. Warburg); Rehermann, erb. 1699.

Während Abb. 136 die gewohnte Form des westfälischen Längsdielenhauses mit gut ausgeprägten Ständern zeigt, gibt Abb. 135 das mehrstöckige Haus des Ackerbürgers wieder. Neben dem städtisch gestalteten Wohnhaus ist rechts das zugehörige Wirtschaftsgebäude mit Längsdiele sichtbar.

Abb. 137.

Lügde (Kr. Höxter); Hintere Straße; Köster, erb. 1745; Löddige, erb. 1722.

Abb. 138.

Godelheim (Kr. Höxter); Kirchstraße, Nr. 1 erb. 1770; Nr. 3 erb. 1826.

Mit ihren Giebeln zur Straße gekehrt, stehen die Häuser in der engen Ortslage dicht beieinander. Zu beiden Seiten des Einfahrtstores liegen hier Wohnräume.

Abb. 139.

Lügde (Kr. Höxter); Mittlere Straße, nach großem Brand erb. 1798.

Abb. 140.

Godelheim (Kr. Höxter); an der Kirche.

Ausnahmsweise liegt zwischen den Längsdielenhäusern auch ein Bauernhaus mit Quertenne. In Abb. 140 sind die Häuser aber (ebenso wie in Abb. 138) sämtlich zweistöckig.

Abb. 141. Bredenborn (Kr. Höxter); A. Becker, erb. 1779. Besonders die Giebelwand weist mehrere Eigentümlichkeiten auf. Im Gegensatz zum mittleren Westfalen liegen neben dem Tore Wohnräume. Die Giebelseite ist zweistöckig aufgebaut, und das Fachwerk des Giebels ist durch eine Ziegelsteinfüllung mit wechselnden Mustern ausgesetzt. Die Bauweisen aus dem mittleren Westfalen, von der unteren Weser und aus Hessen klingen hier zusammen. Die Kopf- und Fußstreben im Giebel sind technisch nicht notwendig, sind also Schmuckformen oder letzte Reste alter Heilszeichen.

Abb. 142. Leese, Bauersch. Wittigenhöfen (Lippe); Führing, erb. 1570. Über 365 Jahre sind bereits über den Bau dahingegangen. Und noch immer stehen seine Balken festgefügt. Ein wechselvolles Schicksal durch mehrfache Umbauten hat das Haus erlebt. (Vgl. Abb. 15—18). Heute dient es nur noch als Nebengebäude.

Abb. 143.

Holzhausen (Lippe); Rittergut Sylbach, erb. 1660.

Abb. 144.

Holzhausen (Lippe); Rittergut Sylbach, erb. 1679.

Das Wohnhaus in Abb. 143 zeigt ruhige, schlichte Formen, aber wesentlich dünnere Balken als etwa Abb. 142. Der Holzmangel nach dem 30 jährigen Kriege hat sich ausgewirkt. Das Gebäude Abb. 144 diente als Schafstall. Bemerkenswert sind die geschwungenen kurzen Kopfbänder an den Ständern.

Abb. 145.

Leese (Lippe); Niemeier, erb. 1708.

Abb. 146.

Holzhausen (Lippe); Meier an der Bega, erb. 1834.

Der jüngere Anbau in Abb. 145 läßt die Formen des Hauses weniger deutlich hervortreten. Die Räume des Hauses sind niedrig, die kleinen Fenster des oberen Geschosses liegen dicht unter dem Dach. Wesentlich geräumiger und höher ist der jüngere Bau, den Abb. 146 zeigt.

Abb. 147.

Holtfeld (Kr. Halle), Wirtschaftsgebäude des Schlosses Holtfeld (abgebrochen).

Abb. 148.

Ascheloh (Kr. Halle); erb. 1702.

Das Haus in Abb. 147 birgt starke Anklänge an städtische Bauweise. Besonders die Halbrosetten am Fuße der Pfosten verraten städtischen Einfluß. Der kleinere Bau in Abb. 148 besitzt eine geringere Spannweite der Diele. Die Ständer sind an den geschwungenen Kopfbändern gut zu erkennen.

Abb. 149. **Niederjöllenbeck** (Kr. Bielefeld); Meier zu Jöllenbeck, erb. 1767. Mit den vielen kleinen, weißen Fachwerkfeldern zwischen dem dunklen Gebälk wirkt der mächtige Bau des Meierhofes breit, wuchtig, selbstbewußt. Und das alte graue Strohdach gibt dem Ganzen einen schlichten, friedlichen Klang. Auf dem Giebelende ragt der Geckpfahl empor, das Kennzeichen der Gegend.

Abb. 150. Niederjöllenbeck (Kr. Bielefeld); Upmeyer zu Belzen, erb. 1799. In sieben Reihen liegen die Giebelfelder übereinander. Mit reichem Schnitzwerk sind die Knaggen der Pfosten geziert, mit buntem Rankenwerk sind die Türständer bedeckt und lange Inschriften sind auf dem Torbalken und dem Dielenbalken eingeschnitten. Ein gesunder Besitzstolz findet seinen betonten Ausdruck.

Abb. 151. Eickum (Kr. Herford); Koring, erb. 1814. Schwere Balken sind eng beieinander zu dichtem Fachwerk gefügt. Sie verraten den Holzreichtum und zugleich die Freude an frischen, lebendigen Formen. Die Luftöffnungen der Giebelwand sind mit lockergefügten Steinen in stets wechselnden Formen ausgesetzt.

Abb. 152. Künsebeck (Kr. Halle); Richard, erb. 1748. Nicht immer sind die Giebelfelder ausgemauert. Vielfach tragen sie noch Holzverschalung, meist in senkrechter, zuweilen aber auch in wagerechter Anordnung.

Abb. 153. Oldinghausen (Kr. Herford); Ebmeier. In stolzer Schlichtheit liegt der alte Sattelmeierhof inmitten der alten Eichen. Ein Geckpfahl in kurzer, gedrungener Form krönt den Giebel.

Abb. 154. Hahlen (Kr. Minden); Meyer, erb. 1725/1796. Nur noch selten trifft man ein Strohdach mit der für das Mindener Gebiet kennzeichnenden Giebelverkleidung, die auf einem vorgebogenen Überbau ruht.

Abb. 155. Wietersheim (Kr. Minden). Das Strohdach ist durch Ziegeldach ersetzt. Die altgewohnte Form der Giebelverkleidung ist aber trotzdem beibehalten worden. Der Geckpfahl ist umgebildet zum Träger der Windfahne geworden.

Abb. 156.

Windheim (Kr. Minden); Meyer, erb. 1785.

Abb. 157.

Hahlen (Kr. Minden); Böhme.

Die Giebelverkleidung ist bei Abb. 156 kleiner als bei der älteren, ursprünglicheren Art. Bei Abb. 157 hat sie eine gerade, nicht mehr gebogene Form erhalten.

Abb. 158.

Windheim (Kr. Minden); Schäckel; erb. 1780.

Abb. 159.

Ströhen (Kr. Lübbecke); Lindemann; erb. 1789.

Es ist strittig, ob die Vorbauten zu beiden Seiten des Einfahrtstores alte Formen darstellen oder Erweiterungen, um Raum zu gewinnen. Besonders kleine Heuerlingshäuser, aber auch größere Höfe zeigen die Vorbauten und damit die zurückspringende Tür. Ganz anders geartet sind die Bauernhäuser in dem verkehrsentlegenen nördlichen Teil des Kreises Lübbecke.

Abb. 160.

Ströhen (Kr. Lübbecke); W. Rohlfing; Stall erb. 1776.

Abb. 161.

Desgl.; Haus von 1780; Stall rechts 1747; Stall links 1776.

Der Giebel ist durch eine kleine, in das Längsdach übergehende Haube geschützt. Das Uhlenloch, durch das beim Hause früher der Rauch abzog, ist ausgespart. Weit auseinandertretende Pferdeköpfe zieren die Firstenden.

Abb. 162.

Ströhen (Kr. Lübbecke); Spreen Nr. 2; Haus erb. 1620.

Abb. 163.

Desgl., Wirtschaftsteil.

Wenn auch der Wandel der Zeiten andere Forderungen an die innere Gestaltung des Hauses stellte und manche Änderungen notwendig machte, so hat doch ein gesunder Besitzstolz treu und bewußt die schöne alte Form des Ganzen erhalten.

Abb. 164. Tonnenheide, Bauersch. Wehe (Kr. Lübbecke); Schwittmann, erb. 1821. Auch jüngere Bauten haben in treuem Festhalten die alte Überlieferung weitergeführt und schöne und zweckmäßige Formen zugleich geschaffen.

Abb. 165. Ströhen (Kr. Lübbecke); Feldmann. Trotz der Erschwerung durch die neueren Forderungen der Feuerversicherung ist gebietsweise doch noch recht häufig das Strohdach erhalten geblieben, das durch sein geringeres Gewicht und, bei richtiger Pflege, durch seine technische Überlegenheit sich dem Ziegeldach gegenüber zu behaupten vermag.

Leibzucht des Sattelmeierhofes Ebmeier, Oldinghausen (Kr. Herford); erb. 1792. Abb. 166.

Leibzucht des Meierhofes Westmeyer in Marienfeld (Kr. Warendorf); erb. 1754. Abb. 167.

Auf die Leibzucht zog sich der alte Bauer und seine Frau zurück, nachdem der Hof auf den Hofeserben übertragen war. Die Leibzucht enthielt nicht nur Wohnräume, sondern auch alle Wirtschaftsräume. Die Leibzuchten waren Bauernhäuser im Kleinen, die für gewöhnlich bescheidenen Umfang besaßen, zuweilen auf großen Höfen aber auch recht behäbige Größe annahmen.

Abb. 168.

Brüntorf (Lippe); Heuerlingshaus des Erbhofes Mölling; erb. 1783.

Abb. 169.

Tonnenheide (Kr. Lübbecke); Heuerlingshaus des Erbhofes Schwettmann; vor 1600.

Das Heuerlingswesen, eine Eigenart des nördlichen Westfalen, hat Jahrhunderte hindurch Bauern und Heuerlingen zugleich Nutzen gebracht. Der Heuerling erhält Haus und Land langfristig zur Verfügung gegen die Verpflichtung, auf dem Bauernhofe nach Bedarf Arbeit zu leisten, wobei Leistung gegen Leistung aufgerechnet wird.

Scheune in Greffen (Kr. Warendorf); Wesselmann, erb. 1655. Abb. 170.

Scheune in Westenborken (Kr. Borken); Sieverdingbeck. Abb. 171.

Die Scheune ist schon frühzeitig neben dem Bauernhaus als besonderes Nebengebäude verwendet worden. Landschaftlich bestehen erhebliche Unterschiede nach Grundriß, Bauform und Bauausführung. Die einfache Bretterverkleidung hat sich lange gehalten, weil sie die Durchlüftung und Austrocknung der eingebrachten Ernte begünstigt. Anderwärts ist Lehm- und Ziegelfachwerk üblich gewesen.

Abb. 172.

Mäusescheune in Coesfeld, Bauersch. Harle (Kr. Coesfeld); Borgert.

Abb. 173.

Mäusescheune in Stevern (Kr. Münster); Schulze-Tilling (Wickermann).

Sowohl siedlungsgeschichtlich wie auch baugeschichtlich kommt den „Mäusescheunen" eine besondere Bedeutung zu. Das Aufsetzen auf spitze Steine mit Deckplatte soll Mäuse von der eingelagerten Frucht fernhalten, bewirkt aber auch gute Durchlüftung und ein Fernhalten der Bodenfeuchtigkeit. Die Mäusescheunen sind nur über ein begrenztes Gebiet im westlichen Münsterland verbreitet.

Scheune mit Quertenne in Ströhen (Kr. Lübbecke); Rohlfing.

Abb. 174.

Schuppen (sog. „Porthues") in Stevern (Kr. Münster).

Abb. 175.

Gerade in den Nebengebäuden sind vielfach noch Bauformen aus längstvergangener Zeit uns erhalten geblieben. Sie verdienen daher durchaus volle Beachtung trotz ihrer Unscheinbarkeit. Die Giebelwand bei Abb. 174 ist mit Heidekraut abgekleidet. Das „Porthues" hat vor allem im Münsterlande eine Sonderentwicklung durchgemacht. Es fand bei gutsherrlichen Bauten als Durchfahrt zum Hofe (am Zugang über die Grefte) Verwendung. Auf dem Bauernhof diente es in gleicher Form als Schuppen.

Abb. 176.

Alter Schafstall eines Bauernhofes in Beelen (Kr. Warendorf); Tiggermann.

Nr. 177.

Backhaus mit Backofen in Ostbevern (Kr. Warendorf); Krüker.

Die Schafhaltung spielte früher auf vielen Bauernhöfen eine Rolle. Die alten Schafställe sind allerdings heute meist verschwunden oder anderen Zwecken dienstbar gemacht. Abb. 177 zeigt einen „hölzernen Backofen". Auf einer Holzunterlage liegt ein Balkenrost, quer darüber sind Eichenbohlen gelegt, auf denen dann der Lehm-Estrich des eigentlichen Backofens ruht.

Abb. 178. Speicher in Wessum (Kr. Ahaus); Haselhof-Gavert.

Abb. 179. Speicher in Albersloh (Kr. Münster).

Die Speicher sind Besonderheiten auf dem westfälischen Bauernhof, die durch ihre völlig abweichende Bauart ganz aus dem Rahmen fallen. Sie sind überall zweistöckig, zuweilen auch noch unterkellert, dienen im Erdgeschoß als Abstellraum, auch als Backstube, im Obergeschoß als Speicher für Brot- und Saatgetreide. Heute führt eine schmale, steile Treppe zum Obergeschoß, früher wahrscheinlich meist eine hochziehbare Leiter.

Abb. 180. Speicher in Thüle, Gem. Scharmede (Kr. Büren).

Abb. 181. Speicher in Wittigenhöfen, Leese (Lippe); Führing.

Trotz gut ausgeprägter landschaftlicher Unterschiede besitzen die Speicher Westfalens doch eine ziemliche Einheitlichkeit, die aus ihrer Zweckbestimmung heraus sich ergibt. Auf größeren Höfen sind auch die Ausmaße der Speicher selbstverständlich entsprechend groß.

Abb. 182. Speicher in Großensiepen (Kr. Ennepe-Ruhr).

Abb. 183. Haferkasten in Grennigloh, Gem. Wiblingwerde (Kr. Altena); Dresel.

Zwar sind auch im bergisch-märkischen Gebiet Speicher der gewohnten Form vorhanden. Die besondere Eigenart der Gegend bilden jedoch die „Haferkästen", die zur Aufbewahrung der Hauptfrucht, des Hafers, dienten. Die Zahl dieser Bauten ist in den letzten Jahren recht klein geworden. Sie verdienen aber siedlungsgeschichtlich größte Beachtung.

Abb. 184. Haferkasten von 1712 in Schwelm-Meininghausen (Kr. Ennepe-Ruhr).

Abb. 185. Haferkasten von 1665 in Vorhalle (Stadtkr. Hagen); Funkenhof (Aufn. Rottsieper 1904).

In ihrer Bauweise erscheinen die Haferkästen als Fremdlinge auf westfälischem Boden. Eine eingehende Untersuchung ihres Ursprungs und ihrer baulichen Besonderheiten verspricht, Zusammenhänge zu klären, die für das westfälische Volkstum recht wertvoll sind.

Abb. 186. Tor von 1570
in Wittigenhöfen, Gem. Leese (Lippe); Führing.

Abb. 187. Tor von 1686
in Elsen Kr. Paderborn); Lengeling.

Die verschiedenen Formen des Einfahrtstores, der „Niendör", sind zwar auch landschaftlich bedingt, unterliegen aber vielmehr noch den Wandlungen des Zeitgeschmacks. Der kennzeichnende Schmuck bei Abb. 186 ist die Perlschnur, während um 1650 der Perlstab (Abb. 187) vorherrscht.

Abb. 188. Tor von 1732 in Ostenland (Kr. Paderborn); Bewermeier.

Abb. 189. Tor von 1782 in Dahl (Kr. Paderborn); Ewers.

Während das Randprofil bei den Torständern und Torbogen immer stärker zurücktritt, findet eine wesentlich stärkere Verwendung von Schmuckformen statt, und zwar von Formen, deren Bedeutung als alte Sinnbilder gerade durch ihre ständige Wiederholung und treue Überlieferung überzeugen muß.

Abb. 190. Tor von 1781 in Saalhausen (Kr. Olpe); Gerlach.

Abb. 191. Tor von 1790 in Bochum-Werne; Nolle.

Die reiche und kunstvolle Schnitzerei, die in allen Teilen des Hauses sich befindet, zeigt beim Erbhof Gerlach die gewohnten Formen des Rokoko. Um so auffälliger ist, daß trotzdem als einziges Sinnbild das Hakenkreuz in schlichter, aber feiner Form angebracht wurde. Das Rautenband (Abb. 191) ist am westlichen Hellweg eine häufig vorkommende Schmuckform.

Abb. 192. Tor von 1792 eines Erbhofes in Eickum (Kr. Herford); mit Siebenstern und Achtstern.

Abb. 193. Tor von 1830 eines Heuerlingshauses in Oldinghausen (Kr. Herford) mit Hakenkreuz.

Die reiche Ausstattung des Tores mit buntbemalten Schnitzereien fiel bereits bei den Bildern der Ravensberger Bauernhäuser auf. Aus der Nähe gesehen zeigt sich erst recht die überraschende Fülle der Formen, die dennoch sich zu einem wohlgeordneten Bilde fügen. Das Heuerlingshaus ist schlichter gehalten, entspricht auch mehr der Schlichtheit der 30er Jahre. Dennoch darf das ortsübliche Heilszeichen am Tor nicht fehlen.

Abb. 194. Diele in Künsebeck (Kr. Halle); Windau. Ausgesucht gute und kräftige Balken überspannen die große Weite der Diele. Zu beiden Seiten verbinden leichtgeschwungene Kopfbänder die Balken mit den senkrecht stehenden Ständern, fangen einen Teil der auflagernden Last auf und verstreben gleichzeitig das Ganze gegen Seitenschub. Hinter den Futterklappen rechts harren die Kühe ihres Futters. Über den Ställen liegen Vorratsräume.

Abb. 195. Diele mit Herdfeuer aus Wessum (Kr. Ahaus) (jetzt im Kunst- und Gewerbemuseum der Stadt Dortmund). Nur noch ganz vereinzelt (und auch dann nicht mehr in der früheren Art) sind Herdfeuer wirklich im Gebrauch. Sie sind trotz aller ihrer Traulichkeit den Forderungen der Zeit gewichen. Abb. 195 vermag aber einen guten, echten Eindruck zu vermitteln, wie zur Zeit unserer Großmütter der Mittelpunkt des Hauses, der Raum am Herdfeuer, gestaltet war.

Abb. 196. Kleinpflaster der Diele in Sande (Kr. Paderborn); Rickert. Weit verbreitet in fast allen Teilen Westfalens ist die Diele mit kleinen, flachen, hochkant gestellten Steinen, seltener mit kleinem Kopfpflaster, gepflastert. Zuweilen auch sind die Räume mit großen Steinplatten ausgelegt. Immer aber ist große Sorgfalt auf die Pflasterung verwendet worden, die Menschenalter hindurch ihrem Zweck dienen soll. Die Form von Abb. 196 ist nur vereinzelt anzutreffen. Am häufigsten sind die Steine in Fischgrätenmuster gesetzt.

Ortsverzeichnis.